Webauftritt und Onlineshop rechtssicher gestalten

Rechtliche und organisatorische Anforderungen an einen Webauftritt sowie Onlineshop

1. DEZEMBER 2020

Dipl.-Kfm. (FH) Arthur Lämmle
Am Tannenberg 4 in 97877 Wertheim

Bibliografische Information der Deutschen Nationalbibliothek:

Die Deutsche Nationalbibliothek verzeichnet diese Publikation in der Deutschen Nationalbibliografie; detaillierte bibliografische Daten sind im Internet über dnb.dnb.de abrufbar.

© 2020 Dipl.-Kfm. (FH) Arthur Lämmle

Herstellung und Verlag

BoD – Books on Demand, Norderstedt

ISBN: 978 3 7519 9352 4

Inhaltsverzeichnis

II

III

IV

1. Einleitung

Will man heutzutage einen Webauftritt oder Onlineshop betreiben, hat man rechtliche Vorschriften einzuhalten. Die Umsetzung der rechtlichen Vorgaben hingegen hat Auswirkungen auf den Aufbau, Inhalt und Verwaltung eines Webauftritts sowie Onlineshops.

Um einen rechtssicheren und den Vorschriften entsprechenden Webauftritt oder Onlineshop zu betreiben, gilt es die gesetzlichen Vorgaben nicht nur zu kennen, sondern auch anzuwenden.

Deshalb wird das folgende Schriftstück mit dem Ziel erstellt, grundlegende rechtliche Anforderungen an einen Webauftritt sowie Onlineshop aufzuzeigen, um aus dieser Erkenntnis heraus zu beschreiben, wie diese Anforderungen in der Praxis umzusetzen sind.

Es wird ausdrücklich darauf hingewiesen, dass die einzelnen Kapitel lediglich grundsätzliche Einblicke eröffnen. Die einzelnen Kapitel sowie das gesamte Schriftstück dienen als Einstieg in die Thematiken, um als Orientierungshilfe zu dienen.

Je nach Ausrichtung und Nutzung eines Webauftrittes oder eines Onlineshops variieren rechtliche Vorgaben in mancher Hinsicht, was dazu führt, dass die daraus resultierenden organisatorischen Anforderungen gegebenenfalls anzupassen sind.

Deswegen wird in jedem Kapitel sehr viel Wert auf eine vereinfachte Darstellung gelegt, um die einzelnen Kapitel leicht verständlich zu vermitteln.

In Bezug auf rechtliche und organisatorische Anforderungen, die ein Webauftritt grundsätzlich einzuhalten hat, werden folgende Bereiche genauer betrachtet:

> **Domain / Webadresse**
> **Inhalt des Webauftrittes**
> **Datenschutz**
> **Impressum**

In Bezug auf rechtliche und organisatorische Anforderungen eines Onlineshops werden folgende Bereiche genauer betrachtet:

> **Fernabsatzrecht**
> **Anbieterkennzeichnung**
> **Produktbeschreibung**
> **Preisangabe**
> **Allgemeine Geschäftsbedingungen**
> **Widerrufsrecht**
> **Gesetz gegen unlauteren Wettbewerb**
> **Metatags**
> **Jugendschutzgesetz**
> **Datenschutz**

Die einzelnen Kapitel werden auf Grundlage von fünf Fragen strukturiert.

- ✓ Was muss erledigt werden?
- ✓ Warum muss es erledigt werden?
- ✓ Wie wird dabei vorgegangen?
- ✓ Was ist das Ergebnis?
- ✓ Welche weiterführende Literatur kann herangezogen werden?

2. Webauftritt

2.1 Domain / Webadresse

Eine Webadresse ist umgangssprachlich gleichbedeutend mit Internetadresse und wird mit Unterstützung eines Internetbrowsers genutzt, um einen Webauftritt auf einem Server anzusteuern.

Will man jedoch korrekt und im Detail beschreiben, wie genau eine Webadresse funktioniert, dann kommt man zum Ergebnis, dass man tatsächlich eine URL (Uniform Resource Locator) beziehungsweise IP-Adresse benötigt um einen Webauftritt auf einem Server anzusteuern.

Wobei eine IP-Adresse gleichbedeutend mit URL zu verstehen ist, da die IP-Adresse eine URL lediglich als Zahlenfolge dargestellt.[1]

Eine URL ist wie folgt aufgebaut:[2] http://www.hallo.de/morgen/

- ➢ „http://" beschreibt und gibt an, welches Übertragungsprotokoll zum Versenden und Empfangen von Daten genutzt wird
- ➢ „www" beschreibt und gibt an, welche Subdomain auf einem Webserver angesteuert werden soll
- ➢ „Hallo.de" wird als Domain bezeichnet und ist einmalig
- ➢ „Morgen" ist eine Unterseite beziehungsweise ein Unterverzeichnis eines Webauftrittes

---

[1] Vgl.: Schirmbacher, Martin (2017): S. 338
[2] Vgl.: Düweke, Esther; Rabsch, Stefan (2012): S. 410

Um jedoch nicht zu weit in die Informatik abzurutschen und die eigentliche Thematik zu übersehen, wird im weiteren Verlauf zum einfacheren Verständnis anstatt von URL oder IP-Adresse der Ausdruck Webadresse verwendet.

Was es nun rechtlich und organisatorisch bei der Wahl einer Webadresse zu beachten gibt, ist festzuhalten, dass es sich im Kern um die Wahl der Domain handelt. Denn durch eine Domain wird eine Webadresse eindeutig zugeordnet und deshalb wird eine Domain auch nur einmalig vergeben.

Im Folgenden wird vereinfacht darauf eingegangen, welche rechtlichen und organisatorischen Anforderungen bei der Wahl einer Domain zu beachten sind, damit einer langfristigen Verwendung einer gewünschten Domain nichts im Wege steht.

2.1.1 Organisatorische Anforderungen an eine Domain

Organisatorische Anforderungen an eine Domain bilden in diesem Fall Überlegungen, die sich aus dem Marketing sowie Online Marketing ableiten lassen. Bei der Wahl einer Domain sollte darauf geachtet werden, dass:

- ➢ Die Domain kurz und prägnant ist.
- ➢ Die Domain Rückschlüsse auf den Inhalt gibt.
- ➢ Wenn es nicht anders möglich ist, Bindestriche enthält.

Bei der Wahl einer Domain ist organisatorisch darauf zu achten, dass diese leicht zu merken ist. Somit sollte eine Domain im besten Fall kurz und prägnant sein.[3] Damit stellt man sicher, dass die Domain auch in einem persönlichen Gespräch einprägsam und leicht weitergegeben werden kann. Zum Beispiel ist die Webadresse www.hypochondrisch.de womöglich zielführend und treffend, jedoch im Alltagsgebrauch nicht unbedingt leicht zugänglich und leicht zu merken, wenn man nicht gerade ein Facharzt für Psychologie ist.

Ebenfalls wird bei der Wahl einer Domain empfohlen, ein Schlüsselwort (Keyword) zu verwenden, und das Schlüsselwort im besten Fall zugleich Rückschlüsse auf den Inhalt des Webauftrittes gibt.[4] Betreibt beispielsweise eine Friseuse oder ein Friseur einen Webauftritt zu einem Friseursalon, dann würde die Domain im besten Fall aus den Schlüsselwörtern Friseursalon, Standort und Betreiber zusammengesetzt sein. Zum Beispiel www.friseursalon-köln-schmidt.de

---

[3] Vgl.: Erlhofer, Sebastian (2018): S. 420
[4] Vgl.: Erlhofer, Sebastian (2018): S. 421

oder www.haarschnitt-jennifer.de.

Wenn es darum geht, ob eine Domain mit oder ohne Bindestrich gewählt werden soll, dann ist es zu empfehlen, eine Domain immer mit einem Bindestrich zu wählen. Dies hängt in erster Linie damit zusammen, dass die verfügbaren Suchmaschinen es leichter haben, die Webadresse einzuordnen und bei gegebenen Suchanfragen als Treffer auszuliefern.[5]

Bei der beispielhaften Webadresse www.friseursalon-wertheim-jennifer.de würde eine Suchanfrage sowohl bei jedem einzelnen Suchbegriff als auch durch eine Kombination von zwei oder mehreren Suchbegriffen einen Treffer erzeugen und somit in der Ergebnisliste ausgeliefert werden. Würde die Webadresse hingegen www.friseursalonwertheimjennifer.de lauten, wäre der Inhalt für Personen nur unter Anstrengung zu erfassen und somit nicht leicht zu merken. Aber auch für Suchmaschinen sind zusammengeschriebene Domains schwerer zuzuordnen.

Festzuhalten ist, dass eine Domain im besten Fall prägnant und leicht zu merken ist, gleichzeitig Rückschlüsse auf den Inhalt gibt. Wenn es nicht anders möglich ist, als die Domain aus mehreren Schlüsselwörtern zusammenzusetzen, wird eine Trennung der Schlüsselwörter mittels Bindestriches empfohlen.

---

[5] Vgl.: Erlhofer, Sebastian (2018): S. 423 - 424

2.1.2 Rechtliche Anforderungen an eine Domain

In Bezug auf die rechtlichen Anforderungen einer Domain ist festzuhalten, dass es ein spezielles Recht im Bereich Domains nicht gibt. Rechtliche Anforderungen an die Wahl einer Domain ergehen aus den Vorschriften zu Namens-, Firmen-, Marken- sowie Wettbewerbsrecht.[6]

Die genannten Rechtsvorschriften werden in den nachstehenden Kapiteln in Bezug auf die Wahl einer Domain angewendet.

---

[6] Vgl.: Schirmbacher, Martin (2017): S. 65

2.1.2.1 Namensrecht

Das in § 12 BGB (Bürgerliches Gesetzbuch) verankerte Namensrecht ist bei der Wahl der Domain zu beachten, damit eine Domain frei von Rechtsansprüchen Dritter gewählt werden kann und somit einer langfristigen Nutzung einer Domain nichts im Wege steht.

Beim § 12 BGB (Bürgerliches Gesetzbuch) handelt es sich nicht um geschützte Markennamen, sondern um ein grundsätzliches Namensrecht. Geschützt werden hierdurch nicht nur bürgerliche Namen, sondern auch:[7]

> ➤ Prominente, Pseudonyme und Künstlernamen

Die Verwendung von Prominenten, bestehenden Pseudonymen und Künstlernamen kann sowohl durch das Markenrecht als auch durch das im Bürgerlichen Gesetzbuch verankerte Namensrecht untersagt sein.

Deswegen ist wichtig zu prüfen, dass man bei der Wahl einer Domain nicht zufällig ein Pseudonym, einen Prominenten oder gar einen Künstlernamen verwendet. Zur Recherche sind die Webadressen www.markenlexikon.com sowie www.kunstkopie.de oder die Auflistung von www.radio101.de zu empfehlen.

---

[7] Vgl.: Ruhl, Hans-Jürgen (2018):

> Schützenswerte Titel, Berufsbezeichnungen und Abzeichen

Grundlage hierfür bildet § 132a StGB (Strafgesetzbuch), welcher es untersagt sowohl inländische als auch ausländische Amts- oder Dienstbezeichnungen, akademische Grade, Titel, Bezeichnungen öffentlich bestellter Sachverständiger oder öffentliche Würden unbefugt zu führen.

In § 132a Abs. 1 Nr. 2 StGB finden sich eine Auflistung explizit geschützter Berufsbezeichnungen. Man findet darunter beispielsweise Arzt, Psychotherapeut, Tierarzt, Rechtsanwalt oder Steuerberater.

Darüber hinaus finden sich nach Auslegung des § 132a StGB in Kombination mit dem Berufsausbildungsgesetz oder der Handwerksordnung anerkannter Ausbildungsberufe weitere Einschränkungen bei der Nutzung von Berufsbezeichnungen. Zum Beispiel ist in Baden-Württemberg die Nutzung des Titels Ingenieurin und Ingenieur an ein erfolgreich abgeschlossenes Studium oder einer Genehmigung der Ingenieurkammer Baden-Württemberg gebunden.[8]

> Freiberufler

Neben berufstätigen Personen mit einer geschützten Berufsbezeichnung gibt es freiberufliche Tätigkeiten, welche ohne Zulassungsvoraussetzungen ausgeübt werden dürfen. Hierzu zählen schriftstellerische oder künstlerische Tätigkeiten, wie zum Beispiel Journalismus oder Berufe der Bildenden Kunst.

---

[8] Vgl.: § 1 Abs. 1 Ingenieurgesetz (IngG) des Landes Baden-Württemberg vom 23.02.2016

Eine detaillierte Auflistung aller freiberuflichen Tätigkeiten findet sich in § 18 Einkommensteuergesetz (EStG).

An dieser Stelle wird darauf hingewiesen, dass es hierbei nicht um geschützte Berufsbezeichnungen handelt, die gesonderten Schutz bedürfen, sondern der Name beziehungsweise die Bezeichnung unter der die freiberufliche Tätigkeit ausgeübt wird. Wenn beispielsweise ein Heilpraktiker unter der Bezeichnung „Chinesische Heilkunst" tätig ist, dann ist diese Bezeichnung nach dem Namensrecht geschützt ist.

Somit ist bei der Wahl einer Domain auch darauf zu achten, dass man nicht mit bereits in Verwendung befindliche Namen und Bezeichnungen von freiberuflich tätigen Personen in Konflikt gerät.

Zur Recherche nach lokalen oder nationalen Freiberuflern empfehlen sich Branchenbücher oder Liefer- und Telefonverzeichnisse, wie zum Beispiel www.gelbeseiten.de oder www.branchenverzeichnis.org.

> Kleingewerbetreibende

Auch Kleingewerbetreibende werden durch das in § 12 BGB verankerte Namensrecht geschützt. Ob es der Einzelhändler an der Ecke ist oder die Dienstleisterin für Hausreinigung, beide haben ein Recht darauf, dass kein anderer denselben Namen oder dieselbe Bezeichnung verwendet.

Um bei der Wahl einer Domain nicht mit lokalen oder regionalen Kleingewerbetreibenden in Konflikt zu stehen, ist es sehr zu empfehlen, dass man sich über Branchenbücher und Telefonverzeichnisse zu bestehenden Namen oder Bezeichnungen von Kleingewerbetreibenden informiert.

Will man zum Beispiel ein Blumenladen eröffnen, dann sollte man darauf achten, dass bei der Namensgebung oder Bezeichnung des Gewerbebetriebs keine Verwechslung auftritt. Zum Beispiel kann man anstatt die Bezeichnung Blumenladen auf die Bezeichnungen Pflanzenoase oder Fachgeschäft für Floristik ausweichen.

> ## Bekannte und historische Persönlichkeiten

Zu bekannten und historischen Persönlichkeiten kann man im weiten Sinne lokale und nationale Personen des öffentlichen Geschehens subsumieren. Beispielsweise aus der Politik oder Religion. Auch Ehrenbürger und Leistungsträger werden durch das Namensrecht bevorzugt behandelt. Es sollte somit vermieden werden, dass man bei der Wahl der Domain auf bekannte und historische Persönlichkeiten zurückgreift.

> ## Städtenamen und Orte

Einer Kombination aus Berufsbezeichnung oder Name mit dem ansässigen Ort, wie zum Beispiel www.blumenladen-paderborn.de, ist mit Vorsicht umzugehen, denn das in § 12 BGB verankerte Namensrecht schützt Städtenamen und Orte ebenso wie bürgerliche Namen.

Die Verwendung des Namens einer Stadt, einem Ort oder Landkreises obliegt bevorzugt der zuständigen Gemeinde. Deswegen ist es ratsam auf die Nutzung eines Städtenamens oder Ortes zu verzichten.

Sollte es jedoch nach reiflicher Überlegung dazu kommen, dass die Bezeichnung des ansässigen Ortes oder der Name der ansässigen Stadt für die Wahl der Domain ein wesentlicher Faktor darstellt, ist eine eingehende Prüfung durch einen Fachanwalt oder andere fachkundige Stelle zu empfehlen.

➢ Vereine und Verbände

Um nicht in Konflikt mit Namensrechten von Vereinen und Verbänden zu geraten, empfehlen sich Anlaufstellen und Verzeichnisse von Städten, Gemeinden, Landkreisen und Bundesländer.

Hierzu bietet www.wikipedia.org die Möglichkeit nach Vereinen sortiert nach Gemeinden, Landkreisen oder nach Bundesländern zu suchen. Zusätzlich bietet die Webadresse www.verbaende.com eine kostenfreie Datenbank mit 14.000 Einträgen zur Recherche an.

➢ Gewerkschaften

Ebenfalls ist nach Rechtsprechung des § 12 BGB (Bürgerliches Gesetzbuch) darauf zu achten, dass man mit bestehenden Bezeichnungen von Gewerkschaften nicht in Konflikt gerät. Eine Liste über die in Deutschland ansässigen Gewerkschaften findet man unter der Webadresse www.linkfang.org.

> ➤ Stiftungen und Nichtregierungsorganisationen

Bei der Wahl einer Domain ist auch darauf zu achten, dass man nicht mit Bezeichnungen bereits bestehender Stiftungen und Nichtregierungsorganisationen in Konflikt gerät.

Eine umfangreiche Übersicht zu registrierten Stiftungen in Deutschland findet sich unter der Webadresse www.stiftungsindex.de. Dort wird angegeben, dass in Deutschland bereits mehr als 20.000 Stiftungen registriert sind.

Anlaufstellen, um sich einen guten Überblick über deutsche und internationale Nichtregierungsorganisationen zu verschaffen, sind das Bundesministerium für wirtschaftliche Zusammenarbeit und Entwicklung sowie die Webadresse www.ngojobs.eu.

> ➤ Bezeichnungen von Behörden und staatliche Institutionen

Die Verwendung von Bezeichnungen stattlicher Institutionen ist durch den § 12 BGB (Bürgerliches Gesetzbuch) untersagt.

Eine Übersicht über Behörden und staatlichen Institutionen sowie anderweitige Ausgliederungen von staatlichen Aufgabenbereichen unter anderem in Form von Stiftungen, Vereine, Kapitalgesellschaften, Körperschaften oder gemeinnützigen Gesellschaften findet sich unter der Webadresse www.service.bund.de. Die Suchfunktion der Webseite gibt an, dass deutschlandweit insgesamt 970 Behörden existieren.

Abschließend lässt sich festhalten, dass eine ganze Reihe an Möglichkeiten bei der Wahl einer Domain durch den § 12 BGB (Bürgerliches Gesetzbuch) wegfallen. Eine praktische Anleitung, wie man den § 12 BGB anwendet, wird in Kapitel 2.1.3.2 Prüfung Namensrecht gegeben.

2.1.2.2 Firmenrecht

Firmierungen sind Namen von Unternehmen und werden durch das Handelsgesetzbuch geschützt. Deswegen ist es bei der Wahl einer Domain wichtig, dass man gegenüber bestehenden Firmierungen über ausreichend Unterscheidungskraft verfügt, damit eine Domain frei von Rechtsansprüchen Dritter ist.

Ist jemand gewerblich Tätig, aber lässt sich nicht im Handelsregister eintragen, dann tritt der Gewerbetreibende immer mit seinem Vor- und Nachnamen nach Außen auf.

Zusätzlich zum Namen dürfen Phantasiebezeichnungen, Buchstabenkombinationen, Branchenbezeichnungen, aber auch ein Standortbezug angehängt werden. Zum Beispiel:

- www.Julian-Kross-Handwerksleistungen.de
- www.Maria-Klein-Naschkatze.de
- www.gruendercoach-würzburg.de
- www.all-in-one-gründercoaching.de

Bei der Konstellation, dass man seinen eignen Namen für berufliche Zwecke als Freiberufler oder Kleingewerbetreibender nutzt, gelten die Vorgaben, die aus dem Namensrecht hervorgehen. (Siehe Kapitel 2.1.2.1 Namensrecht und 2.1.3.2 Prüfung Namensrecht)

Wird hingegen ein Handelsregistereintrag vorgenommen oder auf Grundlage von Umfang des Gewerbebetriebs unumgänglich,[9] dann tritt an diese Stelle § 17 Abs. 1 HGB (Handelsgesetzbuch) und gibt an, dass die Firma eines Kaufmanns der Name ist, unter dem die Geschäfte betrieben werden und die Unterschrift abgegeben wird.

Bei der Wahl einer Domain ist es somit notwendig, darauf zu achten, dass man nicht mit bestehenden Firmierungen verwechselt werden kann. Somit vermeidet man teure Abmahnungen und gegebenenfalls eine nachträgliche Umbenennung der eigenen Webadresse.

Nichtsdestotrotz hat man mit Eintragung der Firma ins Handelsregister nicht nur die bestehenden Firmierungen im Handelsregister zu beachten, sondern hat auch die Namensrechte, die sich aus dem § 12 Bürgerliches Gesetzbuch ergeben, zu berücksichtigen. Was bedeutet, dass man das Namensrecht Dritter ebenfalls in die Betrachtung mit einbezieht.

Zur Recherche nach Freiberuflern und Kleingewerbetreibenden eignen sich Telefonverzeichnisse sowie Branchenbücher. Zur Recherche nach Gewerbebetrieben, die im Handelsregister eingetragen sind, eignet sich das elektronische Handelsregister unter der Webadresse www.handelsregister.de.

---

[9] Vgl.: § 1 Abs. 2 HGB

2.1.2.3 UWG / Wettbewerbsrecht

Wird eine Webadresse geschäftlich genutzt, dann ist auch das Gesetz gegen unlauteren Wettbewerb (UWG) in Bezug auf die Wahl der Domain zu beachten, weil auch bei der Wahl einer Domain der Schutz von Marktteilnehmern, wie zum Beispiel Verbraucher oder Mitbewerber, zu gewährleisten ist.

Geschäftliche Handlungen sind unlauter, wenn diesen an unternehmerischer Sorgfalt fehlt.[10] Die Verwendung oder Nutzung einer Domain ist somit unlauter, wenn diese irreführend ist, eine Verwechslungsgefahr in sich trägt, nicht der Wahrheit entspricht oder wesentliche Merkmale verschweigt.

Im Folgenden werden Kriterien, die sich aus dem Gesetz zum unlauteren Wettbewerb ergeben, in Bezug auf die Wahl einer Domain näher beschrieben.

<u>Irreführend:</u>

Angenommen man bewirbt eine Ferienanlage oder Resort und verwendet hierzu die Webadresse www.resort-B.eu, verfügt jedoch beim Leistungsangebot über keine weiteren Freizeitaktivitäten, wie zum Beispiel Gastronomie, und es sich im Endeffekt bei den beworbenen Leistungsangeboten ausschließlich um die Beherbergung von Gästen handelt, dann liegt eine Irreführung vor.

---

[10] Vgl.: § 3 Abs. 2 UWG

18

Unter einer Ferienanlage oder Resort ist für gewöhnlich davon auszugehen, dass auch Freizeitaktivitäten verfügbar sind. (OLG Düsseldorf mit Urteil vom 04.12.2014 Az.: I-2 U 30/14)[11]

Irreführend ist somit, wenn beworbenen Leistungen oder Angebote des Webauftrittes nicht mit der Domain beziehungsweise Webadresse übereinstimmen.

Verwechslungsgefahr:

§ 5 Abs. 2 UWG (Gesetz gegen unlauteren Wettbewerb) gibt an, dass geschäftliche Handlungen dann irreführend sind, wenn eine Verwechslungsgefahr zu Marken oder Kennzeichnungen anderer Mitbewerber besteht.

Als Beispiel dient der Herausgeber der Zeitschrift "Freundin", welcher erfolgreich gegen den Inhaber der Domain "freundin-online.de" vorging. Nach Ansicht des Gerichts hat der Domaininhaber den Werktitel der Zeitschrift in unlauterer Weise ausgenutzte.[12]

---

[11] Vgl.: Günther, Sebastian (2018): Domainrecht – Irreführende Nutzung einer Domain
[12] Vgl.: Weißenfels, Georg (2020): Domains contra Kennzeichenrecht

19

> Wenn eine Domain über genügend Unterscheidungskraft gegenüber Marken, Kennzeichnungen, Firmierungen und Domainnamen anderer Mitbewerber verfügt, dann ist eine Verwechslungsgefahr ausgeschlossen.

Unwahre Angaben:

Bei der Wahl einer Domain ist ebenfalls darauf zu achten, dass diese der Wahrheit entspricht. Ein Gebrauchtwagenhändler oder auch ein Autohaus kann nicht ohne Weiteres Firmierungen bestehender Automobilkonzerne, wie zum Beispiel Mercedes oder BMW, verwenden, ohne eine Einwilligung des betreffenden Automobilkonzerns einzuholen.

Dies ist ausgesprochen einfach nachzuvollziehen, weil hierdurch auch Markenrechte berührt werden. Gegenüber dem Verbraucher hingegen ist festzuhalten, dass es sich um eine irreführende und unwahre Angabe handelt.

Ein durchschnittlicher Verbraucher würde beim Besuch der Webadresse www.mercedes-wuerzburg.de davon ausgehen, dass es sich bei dem Anbieter um einen Vertragshändler oder dem Automobilkonzern angehörigen Gewerbetreibenden handelt. Wenn dem nicht so ist, dann ist es eine unwahre Angabe.

Eine Domain entspricht der Wahrheit, wenn die Erwartungshaltung von Markt-teilnehmer auch mit den bereitgestellten Inhalten übereinstimmt. Also wenn Marktteilnehmer das finden, was unter einer gegebenen Domain zu erwarten ist.

Verschweigen von Angaben:

Für das Verschweigen von wesentlichen Angaben als unlautere geschäftliche Handlung in Bezug auf die Nutzung und Verwendung einer Domain ist leider kein Präzedenzfall oder ein anderweitiges anschaulichem Beispiel aus der Praxis auffindbar. Allerdings gibt das Gesetz zum unlauteren Wettbewerb zwei Mög-lichkeiten vor.

§ 5a Abs. 3 Nr. 2 UWG

Wenn durch die Wahl einer Domain keine Rückschlüsse auf die Identität oder Herkunft des Webseitenbetreibers möglich ist und zugleich aus dem Webauftritt die Identität und Herkunft nicht ersichtlich ist.

Vorstellbar ist zum Beispiel, dass jemand geschäftliche Handlungen unter der Verwendung einer Top-Level Domain, wie die Endung „.de" oder „.com" sie ist, in Deutschland vornimmt, jedoch selbst nicht als Freiberufler oder Gewerbe-treibender in Deutschland registriert ist und auch auf dem Webauftritt keine An-gaben macht, dass eine geschäftlichen Handlung von einem im Ausland befindlichen Anbieter vorgenommen wird.

Bei diesem Beispiel stellt sich jedoch eine grundsätzliche Frage, nämlich ob es sich um eine Irreführung (Anbieter verschleiert seine ausländische Herkunft) oder das Verschweigen von wesentlichen Angaben (Anbieter legt seine ausländische Herkunft nicht offen) in Bezug auf die Nutzung einer Top-Level Domain handelt.

§ 5a Abs. 6 UWG

Ein Verstoß gegen diese Vorschrift liegt vor, wenn geschäftliche Handlungen nicht kenntlich gemacht werden und die Nichtkenntlichmachung Verbraucher bei der Entscheidungsfindung negativ beeinflusst.

Dies würde beispielsweise zutreffen, wenn aus der Webadresse nicht ersichtlich ist, ob es sich um eine private Person oder Gewerbetreibenden handelt. Zum Beispiel www.dieter-schmidt.de oder www.oliver-kahn.de.

Anders würde es sich verhalten, wenn man einen Hinweis auf eine gewerbliche Nutzung gibt. Zum Beispiel www.dieter-schmidt-einzelhandel.de oder www.oliver-kahn-onlineshop.com.

2.1.2.4 Markenrecht

Bei der Wahl einer passenden Domain ist es notwendig, sich über das Deutsche Patent- und Markenamt zu informieren, ob Markenschutzrechte Dritter berührt werden. Denn bei Verstößen drohen teure Abmahnungen und eventuell Unterlassungs- und Schadensersatzansprüche.[13]

Zwar gelten Markenschutzrechte nicht gegen private Personen, jedoch genügt bereits die reine Absicht Gewinn zu erzielen, um gegen Markenrecht zu verstoßen.[14]

Festzuhalten ist, dass eine Domain gegenüber Marken sowie Kennzeichen, die beim Deutschen Patent- und Markenamt eingetragen sind, nicht verwechselt werden darf.

In Bezug auf die Wahl einer Domain handelt es sich vornämlich um die Überprüfung von:

- Wortmarken
- Wort-Bild-Marken
- Einzelne Buchstaben
- Zahlenfolgen

---

[13] Vgl.: Rohrlich, Michael (2010): S. 24
[14] Vgl.: Rohrlich, Michael (2010): S. 25

Wortmarken, wie zum Beispiel Google oder Facebook.

Abb. Nr. 1: Wortmarken von Google und Facebook

Bildmarken, wie zum Beispiel die vier Ring des Automobilhersteller Audi.

Abb. Nr. 2: Bildmarke von Audi

Wort-Bild-Marken, wie zum Beispiel die Bezeichnung LACOSTE in Kombination mit dem Krokodil.

Abb. Nr. 3: Wort-Bild-Marke von Lacoste

Einzelne Buchstaben, wie zum Beispiel MAN oder AOL.

Abb. Nr. 4: Eingetragene Marke anhand von Buchstabenkombination am Beispiel von MAN und AOL

25

Zahlenfolgen, wie zum Beispiel 11 88 0.

Abb. Nr. 5: Eingetragene Marke anhand einer Zahlenkombination am Beispiel von 11 88 0

Die Prüfung einer Verwechslungsgefahr erfolgt hierbei auf Grundlage von drei Kriterien:[15]

- Verwechslungsgefahr im Klang
- Verwechslungsgefahr im Schriftbild
- Verwechslungsgefahr in Bezug auf die Begrifflichkeit

Zum Beispiel wurde durch den Bundesgerichtshof bei den Medikamenten „Neuro-Vibolex" und „Neuro-Fibraflex" eine Verwechslungsgefahr festgestellt. Nach Auffassung des Gerichtes besteht nicht nur eine Verwechslungsgefahr im Schriftbild, sondern auch im Klang der beiden Marken. Beginn der Marke mit „Neuro" und dem Ende mit „-lex" sowie Verbindung beider Wörter mit einem Bindestrich.[16]

---

[15] Vgl.: Rohrlich, Michael (2010): S. 28
[16] Vgl.: Plutte; Niklas; Wichert, Felix (2019): Verwechslungsgefahr im Markenrecht – Große Übersicht & Beispiele

Bei einer Prüfung des Europäischen Gerichtshofes, ob eine Verwechslungsgefahr zwischen „Black Track" und „Black Jack" bestehe, wurde festgehalten, dass zwar eine Verwechslungsgefahr im Klang und im Schriftbild gegeben ist, jedoch die Prüfung einer Verwechslungsgefahr in Bezug auf die Begrifflichkeit zu verneinen ist und somit einer Verwechslungsgefahr entgegengehalten werden muss.

„Black Jack" wird mit einem Kartenspiel im Bereich Glücksspiele und Glücksspielautomaten assoziiert, wohingegen „Black Track" zwar im weiten Sinne für Produkte im Bereich Spielzeug und Unterhaltung verwendet wird, jedoch eine Verwechslungsgefahr auszuschließen sei. Denn die Assoziation im Zusammenhang mit „Black Jack" ist eine grundlegend andere als mit „Black Track".[17]

---

[17] Vgl.: Müller, Angela (2020): Keine begriffliche Ähnlichkeit zwischen Black Jack und Black Track

2.1.2.5 Gattungsbegriff

Es besteht ein Verbot der Verwendung von Gattungsbegriffen bei Domainnamen, wenn der Gattungsbegriff überwiegend zur Kanalisierung von Kundenströmen genutzt wird.

Auch wenn Gattungsbegriffe nicht als Marke eingetragen werden können, genießen sie trotzdem gesonderten Schutz. Der Schutz gilt sowohl der Allgemeinheit als auch anderen Mitbewerbern.

Ein Gattungsbegriff beschreibt und fasst Artbegriffe zusammen. Zum Beispiel Stühle, Pizza oder Hunde. Weil es Gattungsbegriffen von Grund auf an Unterscheidungskraft mangelt, kann es zu Verstößen nach § 3 UWG (Gesetz gegen unlauteren Wettbewerb) Irreführung oder nach § 1 UWG Sittenwidrigkeit kommen. Die folgenden Beispiele verdeutlichen die Sachlage.

Irreführung:

Zum Beispiel ist beim Besuch der Webadresse www.mietwohnzentrale.de ein Verein oder gemeinnützige Vereinigung oder Organisation für den Verbraucherschutz zu vermuten, stattdessen handelt es sich beim Betreiber um ein gewinnorientiertes Unternehmen.[18] Hierbei wird ein übergeordneter Gattungsbegriff als Webadresse genutzt, damit eine weitreichende Abschöpfung von Klickzahlen erfolgen kann.

---

[18] Vgl.: Rohrlich, Michael (2010): S. 157

Wenn jemand nicht nach einer Mietwohnung sucht, sondern sich anderweitig informieren will, wie zum Beispiel zum Mietpreisspiegel oder Informationen zu einem Mietvertrag, dann erweckt die Domain „mietwohnzentrale.de" den Eindruck, man könnte auf dieser Seite die gewünschten Informationen finden, stattdessen findet man Inserate zu Immobilien.

Man findet unter der Webadresse www.mietwohnzentrale.de ein gewinnorientiertes Unternehmen und nicht, wie man erwarten dürfte, allgemeine Einstiegsinformationen.[19]

Sittenwidrigkeit:

Rechtsprechung und Literatur tendieren zu der Erkenntnis, dass unlautere Absatzbehinderung - Abschöpfung von Kundenströmen - bei der Verwendung von Gattungsbegriffen nur dann vorliegt, wenn man beim Besuch eines Webauftrittes den Betreiber oder Anbieter nicht erkennen kann, und nicht weil der Internetnutzer sich aus Bequemlichkeit für das erstbeste Suchergebnis einer Suchmaschine entscheidet.[20]

---

[19] Vgl.: Jörg, Dittrich (2001): Rechtssprechungsübersicht zur Frage der Verwendbarkeit von Gattungsbegriffen als Domain
[20] Vgl.: Jörg, Dittrich (2001): Rechtssprechungsübersicht zur Frage der Verwendbarkeit von Gattungsbegriffen als Domain

2.1.2.6 Domaingrabbing

Domaingrabbing liegt vor, wenn Webadressen gar nicht oder nicht zielgerichtet verwendet werden.[21]

Wenn man zum Beispiel die Webadresse www.zahnarzt-dresden.de registriert aber nicht verwendet, um die Webadresse lediglich weiterzuverkaufen, dann kann es sich um Domaingrabbing handeln.

Es kann sich aber auch um Domaingrabbing handeln, wenn man über die genannte Webadresse (www.zahnarzt-dresden.de) Zahnpflegeprodukte für Tiere anbietet. Also eine Ausnutzung und Zweckentfremdung der Bekanntheit einer Domain, die sich hierbei aus einer Berufsbezeichnung und einem Stadtnamen zusammensetzt.

Bei solchen Konstellationen kann es bei Beschwerden dazu kommen, dass man die Domain freizugeben hat.

---

[21] Vgl.: Rohrlich, Michael (2010): S. 158

2.1.3 Prüfungsschema zur Wahl einer Domain

Das folgende Prüfungsschema zur Wahl einer geeigneten und rechtssicheren Domain setzt sich aus den dargelegten Vorschriften aus Kapitel 2.1 Domain / Webadresse zusammen.

An dieser Stelle wird beschrieben, wie man die genannten organisatorischen und rechtlichen Vorgaben in der Praxis anwendet, damit am Ende eine Domain gewählt werden kann, die eine bedenkenlose und langfristige Nutzung gewährleistet.

Das Prüfungsschema beinhaltet die Prüfung von:

- ➢ Verfügbarkeit
- ➢ Namensrecht
- ➢ Firmenrecht
- ➢ Gesetz gegen unlauteren Wettbewerb
- ➢ Markenrecht
- ➢ Gattungsbegriff
- ➢ Domaingrabbing

Zum Abschluss werden die erarbeiteten Ergebnisse jeder einzelnen Prüfung in Tabellenform ausgegeben.

2.1.3.1 Prüfung von Verfügbarkeit

Bevor man eine gewünschte Domain oder Webadresse einer eingehenden Prüfung bezüglich einer rechtssicheren Verwendung unterzieht, ist es notwendig festzustellen, ob eine gewünschte Domain verfügbar ist.

Die Prüfung der Verfügbarkeit einer gewünschten Domain erfolgt entweder direkt über Internetportale, die im Kern die Verwaltung von Domainadressen haben, oder Anbieter, die Server zum Hosten von Webseiten bereitstellen, aber auch Internetprovider, wie zum Beispiel 1&1, Vodafone sowie Deutsche Telekom, die ebenfalls Webhosting anbieten und somit eine Registrierung sowie Verfügbarkeit einer gewünschten Domain zu überblicken im Stande sind.

Die Prüfung, ob eine gewünschte Domain verfügbar ist, erfolgt an dieser Stelle über das Internetportal www.checkdomain.de. Als Beispiel wird hierbei der bürgerliche und allseits bekannte Name Oliver Kahn herangezogen.

Abb. Nr. 6: Prüfung von Verfügbarkeit des Domainnamens „oliver-kahn" bei www.checkdomain.de vom 21.07.2020

Das oben gewählte Beispiel liefert als Ergebnis, dass die Domains oliver-kahn.de und oliver-kahn.com bereits vergeben sind. An dieser Stelle ist aus der Prüfung der Verfügbarkeit ersichtlich, dass es notwendig ist, andere Domainnamen in die Betrachtung mit einzubeziehen.

Fällt die Prüfung positiv aus und die gewünschte Domain steht zur Verfügung, dann gilt es dennoch zu prüfen, ob die gewünschte Domain im Einklang mit anderen Rechtsvorschriften steht.

Hierzu gilt es die nachstehenden Kapitel zu beachten.

2.1.3.2 Prüfung Namensrecht

An dieser Stelle wird geprüft, ob die Domain:

- Eine unbefugte Nutzung eines Namens darstellt.

- Eine Beeinträchtigung von Dritten nach sich zieht.

- Eine Verletzung von Interessen Dritter begründet.

Laut § 12 BGB (Bürgerliches Gesetzbuch) ist es untersagt, Namen unbefugt zu verwenden.

Wenn man beispielsweise mit bürgerlichen Namen Walter Kriesel heißt, jedoch als Webadresse www.dieter-schmidt.de nutzt, ist es eine unbefugte Nutzung eines Namens.

Folglich, um nicht mit § 12 BGB in Konflikt zu geraten, wird empfohlen, seinen eigenen Namen als Domain zu verwenden.

Laut § 12 BGB (Bürgerliches Gesetzbuch) ist es auch untersagt, Namen zu verwenden, wodurch Dritte eine Benachteiligung erfahren.

Wenn eine Webadresse www.oliver-kahn.de lautet, dann geht man davon aus, dass man unter der genannten Webadresse Informationen zum deutschen Nationaltorhüter erhält und nicht eine Auswahl an LED-Lampen.

Nehmen wir an, dass ein Händler für LED-Lampen mit bürgerlichen Namen tatsächlich Oliver Kahn heißt und unter der Webadresse www.oliver-kahn.de ein Sortiment an LED-Lampen zu finden ist, dann stellt es zwar keine unbefugte Nutzung eines Namens dar, jedoch eine Benachteiligung von bekannten Personen oder Prominenten. Denn Oliver Kahn ist in Deutschland ein bekannter Nationaltorhüter und nach Auslegung von § 12 BGB werden Namen von bekannten Personen oder Prominenten bevorzugt behandelt.[22]

Damit der Tatbestand einer Benachteiligung vollends erfüllt ist, müsste der Nationaltorhüter ebenfalls einen eigenen Webauftritt betreiben.

Die Prüfung, ob ein Name über eine überragende Bekanntheit verfügt, ist an internationale, nationale und lokale Gegebenheiten geknüpft. Zum Beispiel kann die Bewertung einer überragenden Bekanntheit der Person und des Namens Oliver Kahn in Uruguay anders ausfallen.

Ungeachtet dessen, ob man einen Namen mit überragender Bekanntheit verfügt, gilt die Prüfung einer Benachteiligung ebenfalls für Namen, die mehrfach vorhanden sind. Beispielsweise wenn die Webadresse www.susane-schmidt.de bereits in Verwendung ist und man sich im Nachhinein entschließt seine persönliche Webadresse www.susaneschmidt.de anzulegen, dann ist ebenfalls zu prüfen, ob eine Benachteiligung gegenüber der zuerst angemeldeten Webaderesse www.susane-schmidt.de vorliegt.

---

[22] Vgl.: Rohrlich, Michael (2010): S. 20

Anzumerken ist an dieser Stelle, dass die Person, die eine Domain zuerst an-
meldet hat, auch grundsätzlich ein Recht auf Weiterführung besitzt.

Folglich wird von der Verwendung von bekannten Personen, Prominente sowie
bereits in Verwendung befindliche und identische bürgerliche Namen abgeraten.

Laut § 12 BGB (Bürgerliches Gesetzbuch) ist es aber auch untersagt, Namen zu
verwenden, wodurch das Interesse Dritter verletzt wird.

Um beim oben gewählten Beispiel zu bleiben, kann man festhalten, dass wenn
die Webadresse www.oliver-kahn.de an den Onlinehändler für LED-Lampen
mit bürgerlichen Namen Oliver Kahn vergeben ist und der Nationaltorhüter
Oliver Kahn hingegen über kein eigenen Webauftritt verfügt und auch in Zukunft nicht vor hat einen Webauftritt zu betreiben, dann gilt es zu prüfen, ob eine
Untersagung der Nutzung des Namens Oliver Kahn als Webadresse bereits gegen ein begründetes Interesse verletzt.

Solche aus der Luft gegriffenen Beispiele sind für Laien nicht einfach und eindeutig zu beantworten. Um jedoch nicht ganz im luftleeren Raum zu schweben,
kann gesagt werden, dass sobald sittenwidrige, illegale oder anstößige Inhalte
unter der Webadresse www.oliver-kahn.de zu finden wären, ein begründetes Interesse des Nationaltorhüters zu bejahen ist.

Es ist somit auf Grundlage des § 12 BGB nicht unbedingt notwendig, dass ein Dritter eine tatsächliche Benachteiligung durch die Verwendung eines Namens erfährt, sondern es genügt bereits, wenn ein begründetes Interesse eines Dritten verletzt wird.

Folglich ist zu prüfen, ob die Verwendung eines bestimmten Namens, Pseudonym, Künstlernamen, Städtenamen, geschützte Berufsbezeichnung sowie Bezeichnungen von Behörden und staatliche Institutionen als Domain gegen ein begründetes Interesse verstößt. Als Ergebnis erhält man eine Auflistung von möglichen Varianten einer Domain, die zur Auswahl stehen und ob eine Nutzung gewährleistet ist.

Das oben gewählte Beispiel liefert als Ergebnis, dass die Domains oliver-kahn.de und oliver-kahn.com bereits vergeben sind. Nicht nur, dass die Domain bereits vergeben ist, sondern auch die Tatsache, dass es sich unter dem Namen Oliver Kahn um eine bekannte Person in Deutschland handelt und bekannte Personen gesondert durch das Namensrecht geschützt werden, gibt Anlass die Nutzung des Namens einer eingehenden Prüfung zu unterziehen.

Bestehen nach Prüfung von internationalen, nationalen und lokalen Gegebenheiten begründete Zweifel bei der Wahl eines bestimmten Namens als Domain, dann ist es empfehlenswert einen Rat eines Fachanwaltes für Personenstands und Namensrecht einzuholen.

Name oder Domain	Verzeichnis	Ergebnis der Recherche	Nutzung möglich?
Oliver Kahn	Namensrecht	Name ist der eines bekannten Nationaltorhüters in Deutschland	Nein, bekannte Personen haben bei der Verwendung eines Namens Vorrang. Unklar, wenn man ebenfalls mit bürgerlichen Namen Oliver Kahn heißt und keine anstößigen Inhalte bereitstellt.
www.oliver-kahn.de www.oliver-kahn.com.	Checkdomain.de	Kombination aus Vor- und Nachname ist vergeben.	Nein, Nutzung nicht möglich.
www.oliver-kahn-einzelhandel.com	Checkdomain.de	Kombination aus Name und Branchenbezeichnung ist nicht vergeben.	Unklar, ob ein begründetes Interesse des Nationaltorhüters verletzt wird.

Tabelle Nr. 1 : Ergebnis einer Prüfung nach Namensrecht

2.1.3.3 Prüfung Firmenrecht

Bestehende Firmierungen mit Eintragung im Handelsregister sind einfach und kostenlos über die Webadresse www.unternehmensregister.de in Erfahrung zu bringen. Das Unternehmensregister ist eine zentrale Plattform für die Speicherung rechtlich relevanter Unternehmensdaten in Deutschland und beinhaltet auch Angaben zur Firmierung.

Die Such nach Unternehmen mit der Firmierung „Gründer Coach" ergab zwei Treffer. Gründercoach UG mit Sitz in Bochum und Rettenmaier Gründercoach Deutschland GmbH mit Sitz in Falkensee.

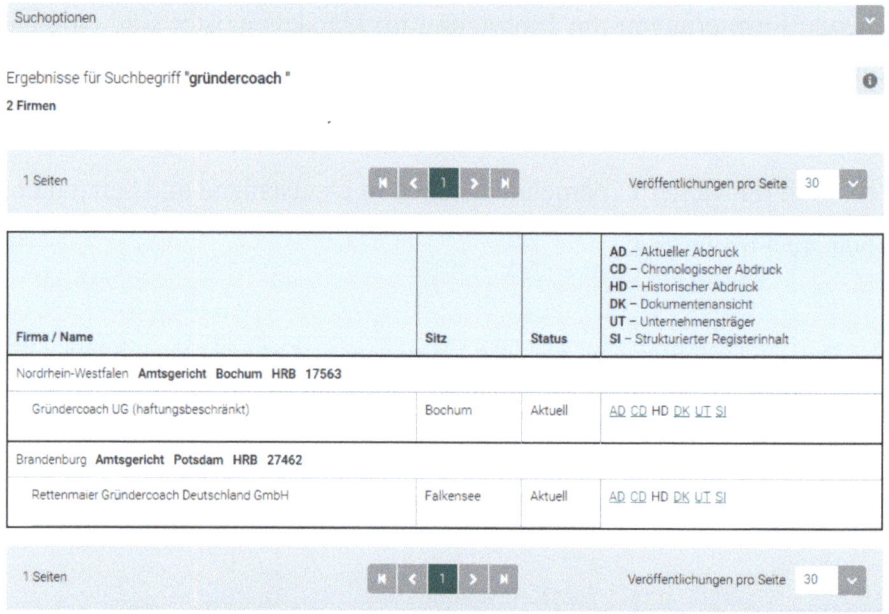

Abb. Nr. 7: Ergebnis der Such nach Firmierungen mit der Berufsbezeichnung „Gründercoach" beim deutschen Unternehmensregister vom 22.07.2020

Bei der Recherche zu Freiberuflern oder Gewerbebetrieben, die nicht im Handelsregister eingetragen sind, empfehlen sich Unternehmensverzeichnisse oder Branchenbücher, wie zum Beispiel die Gelben Seiten, um bereits in Verwendung befindliche Namen sowie Bezeichnungen auf lokaler und nationaler Ebene in Erfahrung zu bringen.

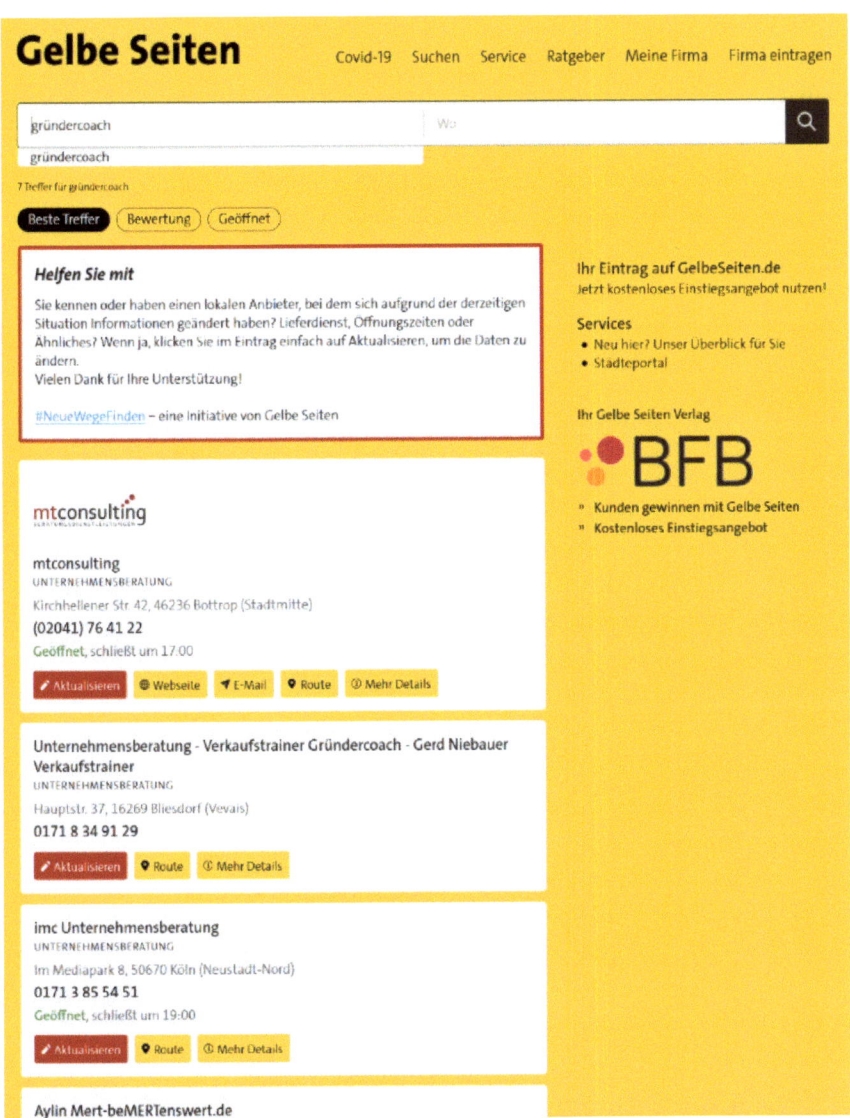

Abb. Nr. 8: Ergebnis der Suche nach Freiberuflern und Kleingewerbetreibenden mit der Berufsbezeichnung „Gründercoach" bei den Gelben Seiten vom 22.07.2020

Die Suche nach der Berufsbezeichnung „Gründercoach" ergab deutschlandweit insgesamt sieben Treffer. Wobei nur ein Treffer die Berufsbezeichnung unter Einbeziehung des bürgerlichen Namens bei der gewerblichen Bezeichnung verwendet.

Wichtig ist, dass Rechtsansprüche an Bezeichnungen von Freiberuflern und Gewerbetreibenden, die nicht im Handelsregister eingetragen sind, nicht aus dem Handelsgesetzbuch, sondern aus dem im Bürgerlichen Gesetzbuch verankerte Namensrecht ergehen.

Abschließende Gegenprüfung, ob die Variation aus bürgerlichen Namen und Berufsbezeichnung als Domain verfügbar ist. Als Beispiel dient die Domain oliver-kahn-gründercoach.de

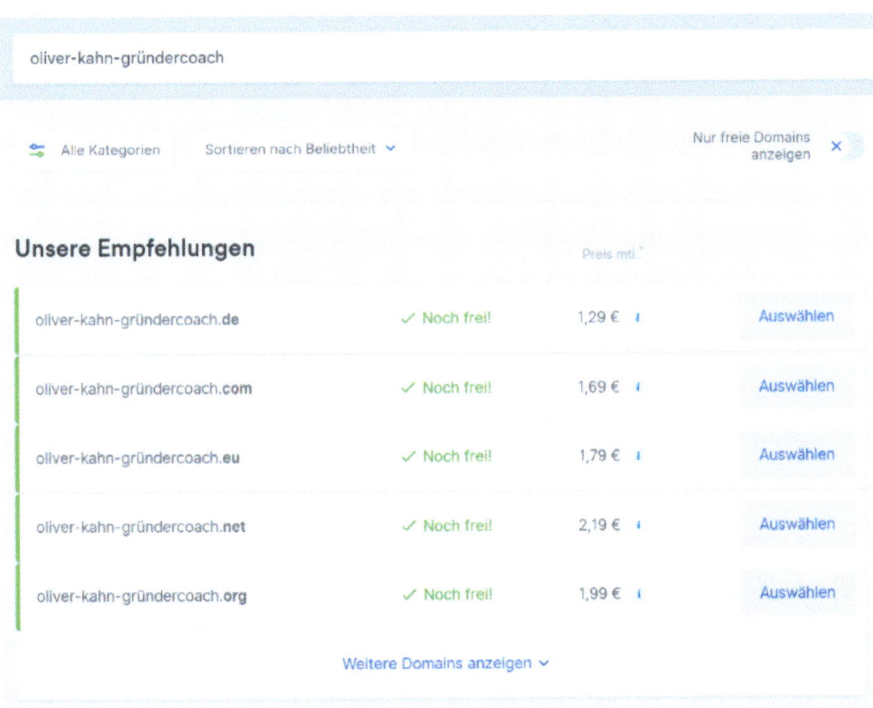

Abb. Nr. 9: Ergebnis der Such nach „oliver-kahn-gründercoach" als Domainnamen bei www.checkdomain.de vom 22.07.2020

Als Ergebnis der Handlungsempfehlung erhält man eine Aufstellung von verschiedenen Variationen einer Domain und eine Aussage über die Möglichkeit der Nutzung.

Bei diesem Beispiel ergibt die Recherche, dass die Domain oliver-kahn-gründercoach.de zur Nutzung zur Verfügung steht.

Gewünschte Domain	Verzeichnis	Ergebnis der Recherche	Nutzung möglich?
oliver-kahn-gründercoach.de	Handelsregister	Kombination aus Name und Berufsbezeichnung ist nicht vergeben.	Ja, sofern Ansprüche aus dem Namensrecht nicht entgegenstehen.
oliver-kahn-gründercoach.de	Gelbe Seiten	Kombination aus Name und Berufsbezeichnung ist nicht vergeben.	Ja, sofern Ansprüche aus dem Namensrecht nicht entgegenstehen.
oliver-kahn-gründercoach.de	Checkdomain.de	Kombination aus Name und Berufsbezeichnung ist nicht vergeben.	Ja, sofern Ansprüche aus dem Namensrecht nicht entgegenstehen.

Tabelle Nr. 2: Beispielhafte Darstellung einer Auswertung zur Wahl einer gewünschten Domain in Bezug zum Namens- und Firmenrecht

Weitere abschließende Bewertungen oder Einschätzungen bezüglich der Nutzung einer Domain sind:

- „Nein", eine Nutzung ist nicht möglich.

- „Ja", eine Nutzung ist möglich.

- „Unklar", falls man sich unsicher ist und eine detaillierte Prüfung, zum Beispiel durch einen Fachanwalt, für notwendig erachtet.

Gilt für einen gewerbetreibenden das Handelsgesetzbuch, dann ist die Wahl einer Domain an weitere wichtige Bedingungen geknüpft, die sich aus dem Gesetz zum unlauteren Wettbewerb (UWG) sowie Markengesetz ergeben.[23]

---

[23] Vgl.: Rohrlich, Michael (2010): S. 21

2.1.3.4 Prüfung UWG

Prüfung, ob die Nutzung einer Domain nach dem Gesetz zum unlauteren Wettbewerb (UWG) möglich ist, erfolgt auf Grundlage von vier Kriterien.

➢ Domain entspricht der Wahrheit, wenn die Erwartungshaltung von Marktteilnehmer an eine Domain auch mit den bereitgestellten Inhalten übereinstimmt. Das Marktteilnehmer das finden, was erwartet wird.

➢ Verbraucher werden durch den Domainnamen nicht irregeführt, wenn Inhalte des Webauftrittes mit dem Domainnamen übereinstimmen. Wenn Marktteilnehmer das angebotene auch vorfinden.

➢ Eine Domain besitzt Unterscheidungskraft gegenüber Marken, Kennzeichnungen, Firmierungen und Domainnamen anderer Mitbewerber, wenn eine Verwechslung ausgeschlossen ist.

➢ Domain und Webauftritt gibt Hinweis auf die Identität sowie Herkunft des Webseitenbetreibers, aber auch das Vorliegen einer geschäftlichen Handlung beziehungsweise seiner Intention.

Eine Prüfung, ob eine Domain der Wahrheit entspricht, Verbraucher nicht in die Irre führt sowie die Identität und Intention des Betreibers offenlegt, kann in den meisten Fällen ohne Fachkenntnisse beantwortet werden.

Die Prüfung von ausreichender Unterscheidungskraft einer Domain gegenüber anderen Mitbewerbern hingegen erfolgt über eine detaillierte und gründliche Recherche.

Eine Recherche zu verfügbaren Firmierungen und Domains ist somit unumgänglich. Mögliche Anlaufstellen sind beispielsweise:

➢ Das elektronische Handelsregister zur Recherche von eingetragenen Firmierungen.

➢ Branchenbücher zur Recherche von Freiberuflern und Kleingewerbetreibenden.

➢ Das Deutsche Patent- und Markenamt zur Recherche von geschützten Marken sowie Kennzeichnungen.

➢ Provider oder Portale zur Überprüfung von verfügbaren Domainnamen, wie zum Beispiel www.checkdomain.de.

Abschließend lässt sich festhalten, dass bei der Wahl einer Domain

• Unterscheidungskraft gegenüber anderen Mitbewerbern nachweisbar ist,

• gegenüber Verbrauchern nicht irreführend ist,

• die Wahl der Domain der Wahrheit entspricht und

• nicht dazu genutzt wird, wesentlichen Angaben (Herkunft, Identität und geschäftliche Handlung) zu verschweigen.

Domain	Wahrheit	Irreführung	Unterscheidungskraft	Hinweis auf Identität und Intention	Ergebnis
Dieter-schmidt.de	Ja	Nein	Nein	Ja, bei Identität und Herkunft.	Es werden zwei von vier Kriterien erfolgreich erfüllt.
Dieter-schmidt-einzelhandel.de	Ja	Nein	Ja	Nein, ob eine geschäftliche Handlung vorliegt.	Es werden alle vier Kriterien erfolgreich erfüllt.
...					

Tabelle Nr. 3: Ergebnis der Prüfung einer Domain nach dem Gesetz gegen unlauteren Wettbewerb

Nach detaillierter und gründlicher Recherche erhält man eine Auflistung von möglichen Varianten einer Domain, bei denen Rechte von Verbrauchern oder Mitbewerben nicht verletzt werden und somit einer langfristigen Nutzung nichts im Wege steht.

Domain	Vergeben / Verfügbar	Ergebnis der Prüfung nach UWG	Nutzung möglich?
Dieter-schmidt.de	Vergeben	Nicht bestanden	Nein
Dieter-schmidt-einzelhandel.de	Verfügbar	Bestanden	Ja
...			

Tabelle Nr. 4: Beispielhafte Darstellung zur Auswertung, ob eine gewünschte Domain zur Nutzung geeignet ist.

Bestehen begründete Zweifel bei der Wahl einer bestimmten Domain, dann wird eine Konsultation eines Fachanwaltes empfohlen.

Ebenfalls kann man die Industrie- und Handelskammer zu Rate ziehen, weil diese in der Lage ist, eine Eintragung ins Handelsregister und die Wahl einer Domain rechtlich zu überschauen.

2.1.3.5 Prüfung Markenrecht

An dieser Stelle wird auf praktischem Wege verdeutlicht, wie eine Prüfung in Bezug auf eine Verwechslungsgefahr gegenüber Marken sowie Kennzeichen, die beim Deutschen Patent- und Markenamt eingetragene sind, erfolgt.

Die Prüfung einer Verwechslungsgefahr erfolgt hierbei auf Grundlage von drei Kriterien:[24]

- Verwechslungsgefahr im Klang
- Verwechslungsgefahr im Schriftbild
- Verwechslungsgefahr in Bezug auf die Begrifflichkeit

Unter der Webadresse des Deutschen Patentamtes findet sich überdies eine amtliche Publikations- und Registrierdatenbank zu rechtlich geschützten Marken, Gebrauchsmuster, Designs und Patenten in Deutschland.[25]

In die amtliche Publikations- und Registrierdatenbank des Deutschen Patentamtes fließen ebenso internationale Markenschutzrechte mit ein. Darunter finden sich sowohl Eintragungen aus der Datenbank der Europäischen Union für geistiges Eigentum (EUIPO) als auch der Weltorganisation für geistiges Eigentum

---

[24] Vgl.: Rohrlich, Michael: (2010): S. 28
[25] Vgl.: www.register.dpma.de

(WIPO).

Bei der Recherchemaske kann man unter dem Kriterium Markenform zwischen Wortmarken, Wort-Bild-Marken, einzelne Buchstaben oder Zahlenfolgen wählen.

Einsteigerrecherche

Für weitere Informationen nutzen Sie die Hilfe zur Einsteigerrecherche.

Informationen zu Klassifikationen finden Sie unter: international harmonisierte Klassifikation für Waren und Dienstleistungsbegriffe, Wiener-Bildklassifikation (PDF)

Recherche formulieren

Datenbestand:	☑ nationale Marken ☑ Unionsmarken ☑ internationale Marken ?
Marke:	z.B. DPMAregister ?
Registernummer/Aktenzeichen:	z.B. 30705082 ?
Beginn Widerspruchsfrist:	z.B. 17.05.2013 ?
Markenform:	Alle Markenformen ˅ ?
Anmelder/Inhaber:	z.B. Bundesrepublik Deutschland ?
Klasse(n) Nizza:	z.B. 9 oder [ ] oder [ ] ?
Bildklasse(n) (Wien):	z.B. 26.13.01 ?
Waren/Dienstleistungen:	z.B. Software ?
angemeldete und eingetragene Marken	☐ ?

Trefferlistenkonfiguration ausblenden

Datenbestand	Aktenzeichen	☐ Bestandsart	☑ Markendarstellung
☑ Aktenzustand	☐ Anmeldetag	☐ Eintragungstag	☐ Beginn Widerspruchsfrist

Trefferlistensortierung nach Aktenzeichen ˅ aufsteigend ˅

Treffer/Seite 100 ˅   Maximale Trefferzahl 1000 ˅

Abb. Nr. 10: Recherchemaske des Deutschen Patentamt- und Markenamtes

Datenbanken, in denen kostenfrei zu schutzwürdigen Marken und Markennamen in Deutschland recherchiert werden kann, sind neben dem Deutschen Patentamt auch:

eSearch plus: Datenbank der EUIPO, welche über die Webadresse www.euipo.europa.eu verfügbar ist.

Madrid Monitor: Datenbank der WIPO für international registrierte Marken, welche über die Webadresse www3.wipo.int verfügbar ist.

TMview: Suchmaschine des EUIPO zu Marken und Markenanmeldungen aller teilnehmenden Markenämter, welche über die Webadresse www.tmdn.org verfügbar ist.

Global Brand Database: Suchmaschine der WIPO zu Marken und Markenanmeldungen aus nationalen und internationalen Quellen, welche über die Webadresse www3.wipo.int verfügbar ist.

Abschließend kann man eine erste Einschätzung zu einer gewünschten Domain vornehmen. Man vergleicht hierzu Bestandteile der gewünschten Domain mit bestehenden Eintragungen von Marken und Kennzeichnungen beim Deutschen Patentamt.

Um den Vorgang zu verdeutlichen, wurde der Name Oliver Kahn, die allseits beliebte Speise Pizza und eine Kombination aus einem einfachen bürgerlichen Namen und Branchenbezeichnung herangezogen, um diese beim Deutschen Patentamt auf Schutzwürdigkeit zu überprüfen.

Beim Namen Oliver Kahn erhält man als Ergebnis, dass der Name in dieser Form und Kombination in über 100 Ländern als eingetragene Marke registriert ist. Will man den Namen Oliver Kahn mit irgendeiner weiteren Kombination verwenden, ist in den meisten Fällen dennoch eine Verwechslungsgefahr zu bejahen. Der Name Oliver Kahn ist markenschutzrechtlich geschützt, was eine Nutzung als Domain in über 100 Ländern verhindert.

Gedenkt man die Speise Pizza in Kombination mit einem weiteren Begriff oder Namen zu kombinieren, dann gilt es zu beachten, dass weltweit 276 Schutzrechte vorhanden sind, die das Wort „Pizza" enthalten. Somit ist beim Wort „Pizza" eine Verwechslungsgefahr vorhanden und von einer Nutzung abzuraten. Ist jedoch das Wort „Pizza" für die gewünschte Domain essenziell, wird empfohlen, gründlich und im Detail zu recherchieren und gegebenenfalls einen Fachanwalt für Patent- und Markenrecht zu konsultieren.

Das Beispiel „Dieter Schmidt Einzelhandel" ist nicht beim Deutschen Patent- und Markenamt registriert und kann aus Sicht des Markenschutzrechts ohne Bedenken genutzt werden.

Prüfung von ...	Deutsches Patentamt	Verwechslungs-gefahr	Ergebnis
Oliver Kahn	Ja, in 100 Ländern	Ja	Nutzung nicht möglich
Pizza	276 eingetragene Schutzrechte weltweit, die das Wort Pizza enthalten.	Vorhanden	Nutzung eingeschränkt möglich
Dieter Schmidt Einzelhandel	Nein	Nicht vorhanden	Nutzung möglich
...			

Tabelle Nr. 5: Beispielhafte Tabelle zur Auswertung von möglichen Variationen einer Domain unter Berücksichtigung des Markenrechts

Als Ergebnis aus einer Recherche beim Deutschen Patent- und Markenamt erhält man aus Sicht des Markenrechts Rechtssicherheit in Bezug auf die Verwendung einer gewünschten Domain und verhindert somit teure Abmahnungen, eventuelle Schadensersatzansprüche und gegebenenfalls Kosten, die für eine Beseitigung des Missstandes sowie daraus resultierenden Änderungen einhergehen.

2.1.3.6 Prüfung Gattungsbegriff

Prüfung, ob eine Domain ein Gattungsbegriff ist oder aus einem Gattungsbegriff zusammengesetzt wird, ist notwendig, denn die Verwendung von Gattungsbegriffen kann gegen das Gesetz gegen unlauteren Wettbewerb (UWG) verstoßen.

Handelt es sich um eine übergeordnete oder allgemeine Bezeichnung für mehrere Artbegriffe oder Kategorien, wie zum Beispiel Hund, Arzt, Anwalt.

Oder handelt es sich um Begriffsmonopole, die eine ganze Gattung von Waren oder Dienstleistungen bezeichnet. Zum Beispiel Taschentücher, Schmerztabletten, Geländewagen oder Klebstoff.

Dann liegt die Verwendung eines Gattungsbegriffs vor und es ist zu prüfen, ob eine Irreführung oder Sittenwidrigkeit nach dem Gesetz gegen unlauteren Wettbewerb gegeben ist.

Prüfung einer Irreführung

Findet ein Internetuser, dass was unter einer bestimmten Domain zu erwarten ist, dann liegt keine Irreführung vor.

Prüfung einer Sittenwidrigkeit

Eine sittenwidrige Verwendung oder Nutzung eines Gattungsbegriffes als Domainnamen liegt dann vor, wenn man beim Besuch solch einer Domain den Webseitenbetreiber nicht erkennen kann. Ist der Webseitenbetreiber aus dem Webauftritt heraus zu erkennen, dann handelt es sich nicht um ein sittenwidriges Verhalten.

Ergebnis der Prüfung

Als Ergebnis der Handlungsempfehlung erhält man eine erste rechtliche Einschätzung, ob die Verwendung eines Gattungsbegriffs als Domain verwendet werden darf.

Die Auswertung kann in Form einer Tabelle erfolgen.

Domain	Gattungsbegriff	Irreführung	Sittenwidrig	Ergebnis
Lampen.de	Ja	Nein, wenn eine ausreichende Auswahl an Lampen zu finden ist	Nein, wenn der Betreiber der Domain zu erkennen ist	Nutzung ist möglich
Oliver Kahn	Nein			Nutzung ist möglich
...				

Tabelle Nr. 6: Beispielhafte Tabelle zur Auswertung, ob ein Gattungsbegriff als Domain gegen das Gesetz gegen unlauteren Wettbewerb verstößt.

2.1.3.7 Prüfung Domaingrabbing

Eine Domain muss nicht erst genutzt werden, sondern es reicht bereits eine Registrierung, damit ein unbefugter Namensgebrauch nach § 12 BGB (Bürgerliches Gesetzbuch) vorliegt und es sich somit um Domaingrabbing handelt.[26]

Eine Verwechslungsgefahr besteht auch dann, wenn zwei Unternehmen an unterschiedlichen Standorten denselben Namen verwenden. Dies gilt insbesondere für Unternehmen mit mehreren Niederlassungen an unterschiedlichen Standorten. In beiden Fällen haben die betroffenen Unternehmen die Besucher oder Kunden, beispielsweise über einen Webauftritt oder Aushang, darüber aufzuklären und einen Hinweis zu geben, dass es sich um zwei unterschiedliche Unternehmen handelt.[27]

Sind zwei oder mehrere Namensträger berechtigt eine bestimmte Domain zu nutzen, dann erhält diejenige Person die Erlaubnis, die sich die Webadresse zuerst gesichert hat, eine überragende Bekanntheit genießt oder dessen Webauftritt im allgemeinen Geschäftsverkehr erwartet wird.[28]

---

[26] Vgl.: Dingeldey, Daniel (2005): Wegweisende BGH-Entscheidung bei Gleichnamigkeit
[27] Vgl.: Praetor Intermedia UG (2010): Gleichnamige Handelsunternehmen und ihre Internetauftritte – Peek & Cloppenburg
[28] Vgl.: Dingeldey, Daniel (2016): Namensstreit um severins-sylt.de

Wenn man mit bürgerlichen Namen Oliver Kahn heißt und sich die Webadresse www.oliver-kahn.de als erster gesichert hat, dann müsste man dennoch die überragende Bekanntheit des deutschen Nationaltorhüters berücksichtigen.

Ebenfalls eignet sich der Lebensmittelhändler ALDI um den Vorgang zu verdeutlichen. Denn der Lebensmittelhändler ALDI hat erfolgreich gegen den Domaininhaber „aldireisen.de" ein Anspruch auf Unterlassung erwirkt.[29] Denn bei der Domain „aldireisen.de" ist im allgemeinen Geschäftsverkehr zu erwarten, dass der Lebensmittelhändler ALDI für dieses Angebot verantwortlich ist.

---

[29] Vgl.: Schirmbacher, Martin (2017): S. 69

2.1.3.8 Ergebnis des Prüfungsschemas

Hat man eine gewünschte Domain einer gründlichen Prüfung unterzogen, kann man die erarbeiteten Ergebnisse zusammenfassen und eine abschließende Beurteilung zu jeder Domain festhalten.

Eine abschließende Beurteilung kann in drei Kategorien erfolgen:

- Ja, Nutzung ist möglich.
- Nein, Nutzung ist nicht möglich.
- Unklar, Nutzung bedarf einer fachspezifischen Einschätzung.

Als Abschluss zur Darstellung der erarbeiteten Ergebnisse aus den Kapiteln und einer abschließenden Beurteilung eignet sich eine Tabelle.

Domain / Kriterium	Namens-recht	Firmen-recht	UWG	Marken-recht	Gattungs-begriff	Domain-grab-bing	Nutzung möglich?
Oliver-Kahn.de	Nicht bestan-den	Nicht bestan-den	Nicht bestan-den	Nicht bestan-den	Bestan-den	Bestan-den	**Nein**
Dieter-Schmidt.de	Bestan-den	Bestan-den	Bestan-den	Bestan-den	Bestan-den	Bestan-den	**Ja**
Lampen.de	Bestan-den	Bestan-den	Bestan-den	Bestan-den	Bestan-den	Bestan-den	**Ja**
Pizza.de	Bestan-den	Bestan-den	Nicht bestan-den	Nicht bestan-den	Nicht bestan-den	Bestan-den	**Nein**
...							

Tabelle Nr. 7: Abschließende Darstellung der Ergebnisse zur Beurteilung einer rechtsicheren Nutzung einer Domain

2.1.4 Checkliste Domain

Eine abschließende Checkliste, welche die Erkenntnisse der einzelnen Kapitel aufgreift, richtet folgende Vorgaben an die Kontrolle bei der Wahl einer Domain:

☐ Domain ist verfügbar

☐ Domain beinhaltet den eigenen bürgerlichen Namen

☐ Domain beinhaltet keinen bereits in Verwendung befindlichen und identischen bürgerlichen Namen

☐ Domain verwendet keine:

- Pseudonyme
- Künstlernamen
- Bezeichnungen von Freiberuflern
- Bezeichnungen von Kleingewerbetreibenden
- Bekannte Persönlichkeiten
- Prominente
- Städtenamen
- Schützenswerte Berufsbezeichnungen
- Vereine und Verbände
- Gewerkschaften
- Stiftungen und Nichtregierungsorganisationen
- Bezeichnungen von Behörden und staatliche Institutionen

☐ Domain beinhaltet keine bereits im Handelsregister eingetragene Firmierung

- [ ] Domain stimmt mit beworbenen Leistungen oder Angeboten des Webauftrittes überein

- [ ] Domain verfügt über ausreichend Unterscheidungskraft gegenüber Marken, Kennzeichnungen, Firmierungen und Domainnamen anderer Mitbewerber

- [ ] Domain kann gegenüber Marken und Kennzeichen, die beim Deutschen Patent- und Markenamt eingetragen sind, nicht verwechselt werden

- [ ] Marktteilnehmer finden, was unter der Domain erwartet wird

- [ ] Marktteilnehmer finde, was unter der Domain im allgemeinen Geschäftsverkehr zu erwarten ist

- [ ] Domain gibt Hinweis auf Identität und Herkunft des Webseitenbetreibers

- [ ] Domain gibt Hinweis auf private oder gewerbliche Nutzung

- [ ] Domain beinhaltet einen Gattungsbegriff, der sich mit der Erwartungshaltung von Internetusern in Bezug auf den Inhalt des Webauftrittes deckt

- [ ] Domain beinhaltet einen Gattungsbegriff und der Webseitenbetreiber ist erkennbar

- [ ] Domain wird aktiv und zielgerichtet genutzt

2.2 Inhalt von Webauftritten

Um einen Webauftritt mit Inhalten zu füllen, gibt es zwei Möglichkeiten. Entweder man bedient sich Inhalte, die man selber erstellt hat, oder Inhalte, die von Dritten erstellt wurden.

Beim Gestalten eines Webauftrittes ist zu empfehlen, dass man eigene Inhalte verwendet, denn Inhalte, die von Dritten erstellt wurden, können urheberrechtlich geschützt sein.

Bei einem Urheberrechtsverstoß erfolgt in der Regel eine Abmahnung, in der folgendes verlangt werden kann:

- Abgabe einer Unterlassungserklärung
- Festlegung einer Vertragsstrafe
- Forderung eines Schadensersatzes
- Forderung eines Schadensersatzes für Nichtnennung des Autors
- Übernahme der Rechtsanwaltskosten für die Fertigung einer Abmahnung

Manchmal ist es jedoch nicht ohne Weiteres zu bewerkstelligen, auf Inhalte, die von Dritten erstellt wurden, zu verzichten. Deswegen wird in den folgenden Ausführungen eine Anleitung zur rechtssicheren Verwendung von Inhalten, die nicht von einem Selbst erstellt wurden, gegeben.

Ebenfalls ist darauf zu achten, dass Inhalte konform zum Strafgesetzbuch sowie Jugendschutzgesetz genutzt werden.

Zu diesem Thema findet sich ein eigenständiges Kapitel 3.9 Jugendschutzgesetz, in dem grundsätzliche Handlungsempfehlungen gegeben werden.

Des Weiteren werden strafrechtliche Fragestellungen sowie Auflagen aus dem Jugendschutzgesetz, in den Kapiteln aufgegriffen, für die es von Relevanz ist.

2.2.1 Urheberrecht

Das Urheberrecht stellt sicher, dass der Schöpfer eines Werkes alleiniger Eigentümer und alleiniges Verwertungsrecht am geschaffenen Werk besitzt.

Laut § 2 Abs. 2 UrhG (Urheberrechtsgesetz) sind Werke geschützt, die eine persönliche und geistige Schöpfungen aufweisen. Ob eine geistige und persönliche Schöpfung bei einem Werk gegeben ist, ist nicht immer einfach zu bestimmen.

Als Voraussetzungen, um eine persönliche und geistige Schöpfung nachzuweisen, sind vier Kriterien zu nennen:[30]

➢ Die Schöpfung ist das Ergebnis menschlichen Schaffens

➢ Die Schöpfung ist mit menschlichen Sinnen wahrnehmbar

➢ Die Schöpfung stellt eine kreative Leistung dar

➢ Die Schöpfung ist durch den Urheber und dessen Persönlichkeit geprägt

Festzuhalten ist, dass nicht alles, was von Dritten erstellt wird und wurde, automatisch vom Urheberrecht geschützt wird. Es ist eine Einzelfallbeurteilung. Jedoch ist es möglich einen grundsätzlichen Rahmen anzufertigen, an dem man

---

[30] Vgl.: Urheberrecht.de (2020): Urheberrecht: Was gilt es bei geistigem Eigentum zu beachten?

sich orientieren kann, ob ein Werk urheberrechtlich geschützt ist oder nicht. Und sobald ein Werk urheberrechtlich geschützt ist, Möglichkeit zur rechtssicheren Verwendung aufzuzeigen.

2.2.1.1 Prüfung auf Urheberrecht

Ob ein Werk urheberrechtlich geschützt ist, wird an den eingangs erwähnten vier Kriterien, dich sich aus dem § 2 Abs. 2 UrhG (Urheberrechtsgesetz) ergeben, festgemacht. Somit findet man persönlich-geistige Schöpfungen in folgenden Kategorien:[31]

- Texte und Computerprogramme
- Bilder und Gemälde
- Fotos
- Musikstücke
- Filme
- Theaterstücke
- Werke der bildenden Kunst und Werke der Baukunst
- Wissenschaftliche Darstellungen, beispielsweise technische Skizzen

Jedoch ist zu beachten, dass:

sobald 70 Jahre nach Tod des Urhebers oder 50 Jahre nach Veröffentlichung eines Fotos vergangen sind, der Schutz durch das Urheberrechtsgesetzes erloschen ist und eine Verwendung bedenkenlos möglich ist.[32]

---

[31] Vgl.: Rohrlich, Michael (2010): S. 96
[32] Vgl.: § 64 UrhG

Wie bereits angedeutet, ist es nicht immer einfach einem Werk eine ausreichende persönliche und geistige Schöpfungshöhe zu zusprechen. So sind Blogartikel, Zeitungsartikel und Bücher grundsätzlich mit einer persönlich-geistige Schöpfungshöhe ausgestattet. Auf der anderen Seite werden Tweets, Anwaltsschriftsätze und Pressemitteilungen eine persönlich-geistige Schöpfungshöhe grundsätzlich abgesprochen.

Ist das Ergebnis einer persönlich-geistigen Schaffenshöhe positiv, dann empfiehlt es sich den Urheber zu kontaktieren und Nutzungsrechte vertraglich festzuhalten. Es gibt aber auch Möglichkeiten das Urheberrecht zu umgehen. Hierzu werden im Laufe der Ausführungen einzelne Fallbeispiele zu finden sein, wie man urheberrechtlich geschützte Werke dennoch verwenden kann.

Ist das Ergebnis der persönlich-geistigen Schaffenshöhe hingegen negativ, dann steht einer Verwendung des Materials beziehungsweise Werkes nichts im Wege.

Sollte die Prüfung, ob ein Werk urheberrechtlich geschützt ist, kein eindeutiges Ergebnis ergeben, dann empfiehlt es sich so zu verfahren, als ob das Material beziehungsweise das Werk urheberrechtlich geschützt ist.

Natürlich steht es jedem frei, sich bei einer Einschätzung von einem Fachanwalt für Urheberrecht bestätigen zu lassen.

2.2.1.2 Vertragsgestaltung im Urheberrecht und CC-Lizenzen

Um den Urheber beziehungsweise Inhaber der Nutzungsrechte festzustellen, gibt es unterschiedliche Anlaufstellen. Hierfür finden sich in Kapitel 2.2.1.3 Rechteinhaber an geschützten Werken verschiedene Möglichkeiten beschrieben.

Ist es nicht anders möglich, Nutzungsrechte beim Rechteinhaber einzuholen, ist auf eine detaillierte Ausarbeitung und Dokumentation eines Vertrags unumgänglich. Deswegen wird hierbei auch angeraten, sich einen Fachanwalt zur Seite zu rufen.

Um einen kleinen Ein- und Überblick über die wesentlichen Vertragspunkte zu geben, sollten man sich über folgende Fragen Gedanken machen:[33]

- Hat man alleiniges oder gemeinsames Nutzungsrecht?
- Für welchen Zeitraum gilt das Nutzungsrecht?
- Für welchen geographischen Raum gilt das Nutzungsrecht?
- Sind die Nutzungsrechte zweckgebunden?
- Wie wird die Vergütung für die Nutzungsrechte berechnet?

Um eine einmalige und individuelle Einverständniserklärung oder Lizenzvereinbarung zu umgehen, gibt die Webseite www.creativcommons.org durch standardisierte und vorgefertigte Lizenzvereinbarungen eine einfache Lösung.

---

[33] Vgl.: Lasser, Sonja (2020): Verträge: Urheberrecht

Standardisierte Lizenzverträge der Organisation Creativ Commons lassen sich in sechs Kategorien einteilen und sind über die Webseite www.creativcommons.org einsehbar.

Die standardisierten Lizenzen gelten grundsätzlich weltweit, frei von Laufzeiten und sind vergütungsfrei, jedoch an bestimmte Bedingungen geknüpft:

- Namensnennung des Lizenzgebers
- Copyright-Vermerk
- Hinweis auf die Lizenz
- Verlinkung zum lizensierten Material
- Angabe von vorgenommenen Veränderungen

Die folgende Tabelle gibt einen schnellen und einfachen Überblick.

Li-zenz	Bedingungen der Nutzung	Bedingungen der Weitergabe
CC-BY	Modifizierung, Vervielfältigung und Weitergabe ist möglich.	Weitergabe und Vervielfältigung ist mit zusätzlichen oder abweichenden Bedingungen möglich.
CC-BY-SA	Modifizierung, Vervielfältigung und Weitergabe ist möglich.	Weitergabe und Vervielfältigung ist nur unter gleichen Bedingungen möglich.
CC-BY-ND	Modifizierung, Vervielfältigung und Weitergabe ist möglich.	Weitergabe und Vervielfältigung nur des Originals.
CC-BY-NC	Modifizierung, Vervielfältigung und Weitergabe ist möglich. Eine kommerzielle Nutzung wird untersagt.	Weitergabe und Vervielfältigung ist mit zusätzlichen oder abweichenden Bedingungen möglich.
CC-BY-NC-SA	Modifizierung, Vervielfältigung und Weitergabe ist möglich. Eine kommerzielle Nutzung wird untersagt.	Weitergabe und Vervielfältigung ist in veränderter Form möglich, jedoch nur unter gleichen Bedingungen.
CC-BY-NC-ND	Modifizierung, Vervielfältigung und Weitergabe möglich. Eine kommerzielle Nutzung wird untersagt.	Weitergabe und Vervielfältigung nur des Originals und nur unter gleichen Bedingungen.

Tabelle Nr. 8: CC-Lizenzen im Überblick

2.2.1.3 Rechteinhaber an geschützten Werken

2.2.1.3.1 Verwertungsgesellschaften

Gibt ein Schöpfer oder Rechteinhaber eines Werkes sich nicht zu erkennen, kann man sich an Verwertungsgesellschaften wenden.

Verwertungsgesellschaften nehmen Urheberrechte und verwandte Schutzrechte von Urhebern und Inhabern wahr. Eine Liste der in Deutschland aktiven Verwertungsgesellschaften findet sich beim Deutschen Patent- und Markenamt.

Hierbei haben sich Verwertungsgesellschaften auf bestimmte Bereiche, wie zum Beispiel Film, Musik oder Printmedien, spezialisiert.

Liste der Verwertungsgesellschaften

Kurzbezeichnung	Name	Internet	E-Mail
GEMA	Gesellschaft für musikalische Aufführungs- und mechanische Vervielfältigungsrechte	www.gema.de	gema@gema.de
GVL	Gesellschaft zur Verwertung von Leistungsschutzrechten mbH	www.gvl.de	gvl@gvl.de
VG Wort	Verwertungsgesellschaft Wort	www.vgwort.de	vgw@vgwort.de
VG Bild - Kunst	Verwertungsgesellschaft Bild - Kunst	www.bildkunst.de	info@bildkunst.de
VG Musikedition	Verwertungsgesellschaft Musikedition	www.vg-musikedition.de	info@vg-musikedition.de
GÜFA	Gesellschaft zur Übernahme und Wahrnehmung von Filmaufführungsrechten mbH	www.guefa.de	info@guefa.de
VFF	Verwertungsgesellschaft der Film- und Fernsehproduzenten mbH	www.vff.org	antje.bitterlich@vff.org
VGF	Verwertungsgesellschaft für Nutzungsrechte an Filmwerken mbH	www.vgf.de/	info@vgf.de
GWFF	Gesellschaft zur Wahrnehmung von Film- und Fernsehrechten mbH	www.gwff.de	kontakt@gwff.de
AGICOA	AGICOA Urheberrechtschutz Gesellschaft mbH	www.agicoa.de	kontakt@agicoa-gmbh.de
VG Media	Gesellschaft zur Verwertung der Urheber- und Leistungsschutzrechte von Sendeunternehmen und Presseverlegern mbH	www.vgmedia.de	info@vgmedia.de
TWF	Treuhandgesellschaft Werbefilm mbH	www.twf-gmbh.de	hello@twf-gmbh.de
GWVR	Gesellschaft zur Wahrnehmung von Veranstalterrechten mbH	www.gwvr.de	info@gwvr.de

Abb. Nr. 11: Verwertungsgesellschaften in Deutschland

2.2.1.3.2 Anonyme und pseudonyme Werke

Ein Spezialfall bilden anonyme und pseudonyme Werke, die 70 Jahre nach Veröffentlichung und nicht nach dem Tod des Urhebers ihre Schutzrechte verlieren. Diese Regelung kann jedoch umgangen werden.

Beim Deutschen Patent- und Markenamt findet sich ein Register für anonyme und pseudonyme Werke, in welches man sich als Urheber solch eines Werkes eintragen lassen kann. Mit Eintragung in das Register endet das Urheberrecht nicht 70 Jahre nach Veröffentlichung, sondern 70 Jahre nach Tod des Urhebers.

Das Register für anonyme und pseudonyme Werke liegt nur in Papierform vor, kann jedoch jederzeit beim Deutschen Patent- und Markenamt eingesehen werden.

2.2.1.3.3 Verwaiste Werke

Verwaiste Werke sind beispielsweise Schriften, Filmwerke oder Tonträger, wobei ein Rechtsinhaber auch nach sorgfältiger Suche nicht festgestellt werden kann.[34]

Unter bestimmten Voraussetzungen können verwaiste Werke von Bibliotheken, Bildungseinrichtungen, Museen oder andere gemeinnützige Institutionen öffentlich zugänglich gemacht und veröffentlicht werden.[35] Ein Nutzungsrecht ist dann auch bei der zuständigen Einrichtung einzuholen.[36]

Eine Datenbank zu verwaisten Werken und deren Rechtsinhaber findet sich beim Amt der Europäischen Union für Geistiges Eigentum (EUIPO).[37]

---

[34] Vgl.: § 61 Abs. 2 UrhG
[35] Vgl.: § 61 Abs. 1 UrhG
[36] Vgl.: § 61 Abs. 5 UrhG
[37] Vgl.: Deutsches Patent- und Markenamt (2019): Datenbank verwaister Werke

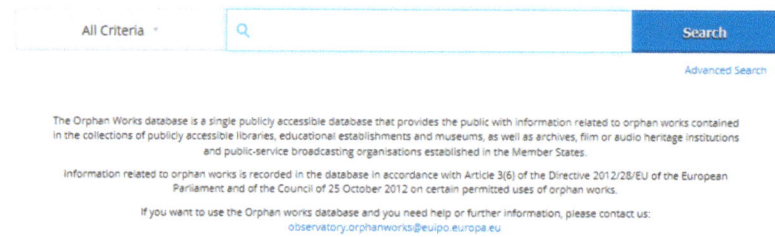

Abb. Nr. 12: Suchmaske des Europäischen Amtes für Geistiges Eigentum zur Suche nach verwaisten Werken

2.2.1.3.4 Vergriffene Werke

Bei vergriffenen Werken handelt es sich um Printwerke, die vor 1966 erschienen und nicht mehr lieferbar sind. Eine Datenbank zu vergriffenen Werken ist beim Deutschen Patent- und Markenamt zu finden.

Eine lizenzfreie Nutzung ist dann möglich, wenn der Rechteinhaber keine Verwertungsgesellschaft zur Wahrnehmung seiner Recht beauftragt hat. Jedoch ist zu beachten, dass der Rechteinhaber bei solch einer Konstellation einer Nutzung jederzeit widersprechen kann.

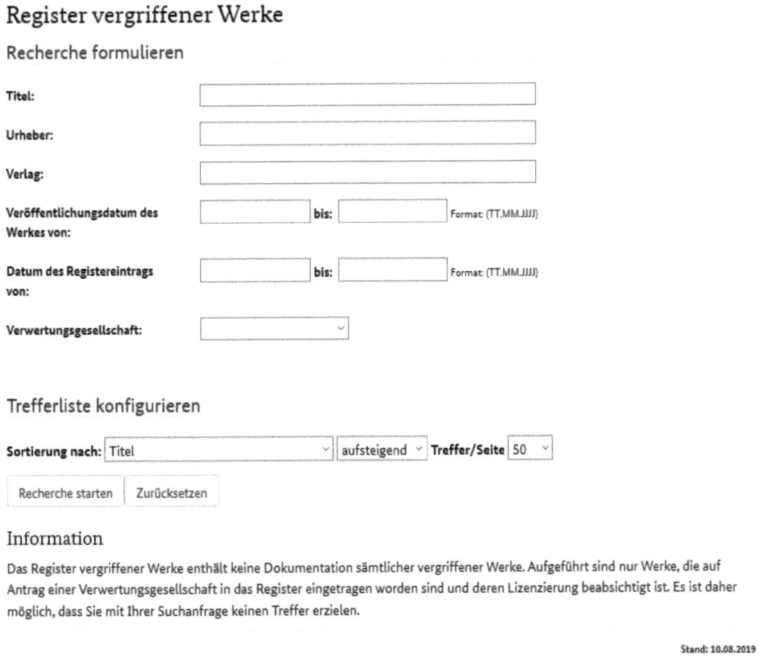

Register vergriffener Werke

Recherche formulieren

Titel:

Urheber:

Verlag:

Veröffentlichungsdatum des Werkes von: bis: Format: (TT.MM.JJJJ)

Datum des Registereintrags von: bis: Format: (TT.MM.JJJJ)

Verwertungsgesellschaft:

Trefferliste konfigurieren

Sortierung nach: Titel aufsteigend Treffer/Seite 50

Recherche starten Zurücksetzen

Information

Das Register vergriffener Werke enthält keine Dokumentation sämtlicher vergriffener Werke. Aufgeführt sind nur Werke, die auf Antrag einer Verwertungsgesellschaft in das Register eingetragen worden sind und deren Lizenzierung beabsichtigt ist. Es ist daher möglich, dass Sie mit Ihrer Suchanfrage keinen Treffer erzielen.

Stand: 10.08.2019

Abb. Nr. 13: Suchmaske des Deutschen Patent- und Markenamtes zur Suche nach vergriffenen Werken

2.2.1.4 Rechtssichere Verwendung und Einbindung von Inhalten

Das Urheberrecht kann auf zwei Varianten umgangen werden, entweder man bedient sich der Nutzungsmöglichkeiten von Werken, bei denen das Urheberrecht nicht greift, oder man bedient sich der Nutzungsmöglichkeit von Werken, die frei von fremden Inhaberrechten sind.[38]

Im konkreten Einzelfall handelt es sich um folgende Alternativen:

- Die Wiedergabe von öffentlichen Reden
- Verwendung einzelner Zeitungsartikel
- Verwendung von Werken als Material für Lehrtätigkeiten
- Zitate mit Quellennachweis
- Öffentliche Wiedergabe ohne Erwerbszweck oder Vergütung
- Privatkopie zur privaten Nutzung
- Weiterverkauf von erworbenen DVD's und CD's
- Ablauf einer Schutzfrist von 70 Jahren nach Tod des Urhebers
- Ablauf einer Schutzfrist von 50 Jahre nach Veröffentlichung von Fotos
- Eigene Inhalte
- Verwendung nur mit Zustimmung des Rechteinhabers
- Verwendung von Werken ohne ausreichende Schaffenshöhe
- Gemeinfreie Inhalte wie Urteils- und Gesetzestexte

---

[38] Vgl.: Rohrlich, Michael (2010): S. 105, 107 - 108

2.2.1.4.1 Allgemeines Persönlichkeitsrecht

Erwähnenswert in Bezug auf die Thematik von Urheberrechten ist die Beachtung des allgemeinen Persönlichkeitsrechtes. Hierdurch dürfen Fotos sowie Videoaufnahmen von Personen nur durch deren Einwilligung geschossen und genutzt werden.[39]

Laut § 201a StGB (Strafgesetzbuch) wird das Anfertigen von Bildaufnahmen von Personen ohne deren Einwilligung als strafbare Handlung gewertet. Dies ist zu beachten, wenn man zum Beispiel Angestellte oder Mitarbeiter auf einem Webauftritt darstellen möchte oder eine Videoüberwachung am Arbeitsplatz einrichten will.

Eine Einverständniserklärung zur Aufnahme und Veröffentlichung von Abbildungen einer Person setzt sich grundsätzlich aus den folgenden Angaben zusammen:

- Deklaration des Formulars als Einverständniserklärung zur Aufnahme und Veröffentlichung von Abbildungen
- Benennung der dargestellten Person
- Benennung der ausführenden Person
- Benennung der Person oder des Unternehmens, an den die Rechte am eigenen Bild übertragen werden
- Benennung des Anlasses und den Ort der Aufnahmen

---

[39] Vgl.: Rohrlich, Michael (2010): S. 109

- Benennung, ob Umfang der Nutzung am Bildmaterial kommerziell, privat oder geschäftlich ist
- Benennung, ob die Nutzung am Bildmaterial zeitlich oder örtlich einge-schränkt ist
- Benennung, ob Bildmaterial veröffentlicht, verbreitet, bearbeitet oder an Dritte weitergegen wird
- Ausdrückliche Einwilligung zur Aufnahme und Nutzung von Bildmaterial
- Ort und Datum der Einwilligung
- Unterschrift der dargestellten Person

Eine Einverständniserklärung zur Nutzung von Bild und Videoaufnahmen kann wie folgt aussehen:

Einverständniserklärung zur Bildaufnahme, Veröffentlichung, etc.
- Recht am eigenen Bild -

Ich,

_____

[Name der dargestellen Person]

bin mir bewusst, dass

_____

[Name des Fotografen]

heute Fotos und/oder Videoaufnahmen

_____

[Anlass und Ort der Aufnahme]

angefertigt hat und ich auf diesen Fotos zum Teil auch deutlich erkennbar dargestellt bin. Mit der Aufnahme bin ich einverstanden. Meine Einwilligung gilt auch unbeschränkt für die private und/oder kommerzielle Nutzung - Veröffentlichung, Verbreitung, Nutzung, Bearbeitung und Weitergabe - in Digitalform und Printform durch den Fotografen oder aber auch durch Dritte. Meine Einwilligung ist zeitlich sowie örtlich nicht beschränkt und gilt für alle Vertriebs- und Veröffentlichungsformen.

_____

[Ort, Datum und Unterschrift]

83

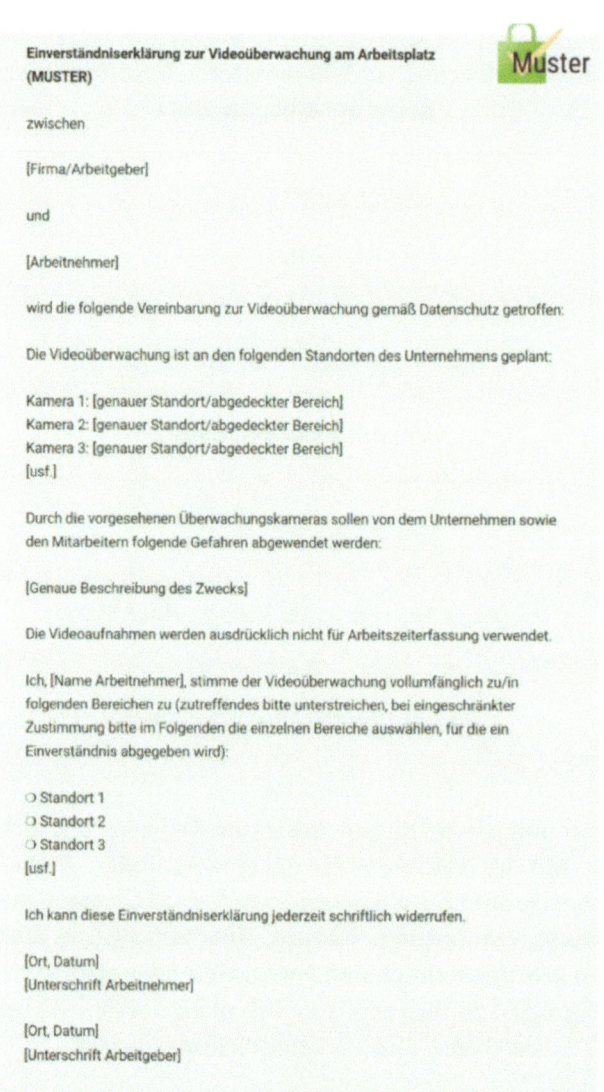

Abb. Nr. 14: Muster zur Einholung einer Einverständniserklärung zur Videoüberwachung am Arbeitsplatz[40]

---

[40] Vgl.: Datenschutz.org (2020): Ist die Videoüberwachung mit dem Datenschutz vereinbar?

2.2.1.4.2 Referenzen

Will man als Gewerbetreibender einzelne Kunden aus dem Kundenstamm als Referenz der eigenen Leistungsfähigkeit verwenden, dann bedarf dieser Vorgang grundsätzlich einer Einwilligung der betroffenen Person oder des betroffenen Unternehmens.

Sind jedoch keine gesonderten Vereinbarungen oder Geheimhaltungsverpflichtungen im Vorhinein getroffen worden und die Angaben beziehungsweise Referenzen in Bezug auf den Kunden oder des Projektes entsprechen der Wahrheit, dann steht einer Veröffentlichung nichts im Wege.[41]

Zur Verdeutlichung des Vorgangs dient das Unternehmen Elektro Kohn in Wertheim, welches auf einer Unterseite ihres Webauftrittes eine Übersicht über Kunden und erfolgreich abgeschlossenen Projekten veröffentlicht hat.

---

[41] Vgl.: Rohrlich, Michael (2010): S. 116 - 117

Service, der hält, was er verspricht!

Die Zufriedenheit der Kunden ist unser höchstes Ziel

Unsere Partner
Firmen und Öffentliche Einrichtungen

- Unitymedia GmbH, Heidelberg
- Kabel Deutschland
- Flughafen Frankfurt
- Stadt Wertheim
- Verschiedene Hausverwaltungen
- Vermögensamt Heilbronn
- Stadt Marktheidenfeld
- Hagebaumarkt Wertheim

- Altera Seniorendomizil Wertheim
- MCJ GmbH
- Hotel Mainperle
- KS11 Neuisenburg
- Greiner GbR
- Vermögen- und Bau Heilbronn
- Hotel Bronnbacher Hof
- Hotel Franz

Referenzen

- Elektroinstallation in verschiedenen Einfamilien- und Mehrfamilienhäusern
  Erläuterung und Nachweis der Expertise im angefragten Gewerk anhand von Success Stories und erreichten Benchmarks/Service Levels
- seit 2007 Installationspartner der KabelBW im Bereich Einzelinstallation fast 6000 installierte Anschlüsse seit 2007
- seit Mitte 2010 Installationspartner KabelBW Vollausbau 500 mod
- KS11 - Apartmenthaus Neuisenburg - Kabelfernsehanlage, WLAN, Sprechanlage
- Umbau Kindergarten Grünenwört
- Umbau Kindergarten Bischbrunn
- Gymnasium Wertheim - Umbau Naturwissenschaftliche Räume
- Kindergarten Kreuzwertheim-Röttbach
- Umbau Haus der Begegnungen Wertheim-Wartburg
- Marktplatz Wertheim
- Neubau Krankenhaus - Schwesternruf
- Kloster Bronnbach, Werkstattschreinerei u. Pächterwohnung
- Hochschule für Polizei – Umbau Elektroinstallation
- Vacuubrand im Auftrag der Firma Römer Lüftungsbau
- Kindergarten Reinhardshof – Umbau Krippengruppe
- Nachlass- und Betreuungsgericht Bad Mergentheim
- Halle Sonderriet
- Stanley – Brandmeldeanlage
- Krankenhaus Wertheim, Einrichtung Dialyse

Abb. Nr. 15: Einbindung von Referenzen bei einem Webauftritt am Beispiel des Unternehmens Elektro Kohn in Wertheim[42]

---

[42] Vgl.: Elektro Kohn (2020): Service, der hält, was er verspricht.

2.2.1.4.3 Forum / Kommentare

Grundsätzlich kann festgehalten werden, dass man für seine eigenen Inhalte, die man im World Wide Web veröffentlicht, haftet.[43]

Stellt man als Webseitenbetreiber Nutzern eine Möglichkeit zur Meinungsäußerung oder Tatsachenbehauptung zur Verfügung, dann sind solche Beiträge zu kontrollieren. Selbst wenn der Webseitenbetreiber diese als externe oder fremde Inhalte kennzeichnet.

Hat nämlich der Webseitenbetreiber Kenntnis von strafrechtlich relevanten Aussagen, wie zum Beispiel Beleidigung, Bedrohung, Rassismus oder Jugendfeindlichkeit, dann hat der Webseitenbetreiber diesen Missstand unverzüglich zu beseitigen.[44] Ansonsten kann der Webseitenbetreiber zur Mithaftung gezogen werden.

Zum Beispiel hat Facebook klar ausformulierte Richtlinien in Bezug auf das Verhalten im Netzwerk. Unter dem Kapitel „Gewalt und Anstiftung" wird darauf hingewiesen, dass Aussagen zur Androhung von körperlicher Gewalt oder Beiträge, die die öffentliche Sicherheit gefährden, gesperrt oder gelöscht werden.[45]

---

[43] Vgl.: Rohrlich, Michael (2010): S. 123
[44] Vgl.: Rohrlich, Michael (2010): S. 124
[45] Vgl.: Facebook Ireland Limited (2020): Gewalt und kriminelles Verhalten

Auch gegen Verstöße bei Betrug und Täuschung oder illegale Verwendung von urheberrechtlich geschütztem Material greift Facebook aktiv ein.

Werden Webseitenbesuchern oder -nutzern Möglichkeiten zur Veröffentlichung von Inhalten gegeben, ist es essenziell, dass man detaillierte Richtlinien zum Umgang mit dem Webauftritt, Forum oder der Kommentarfunktion ausformuliert.

Um als Webseitenbetreiber die Kontrolle über ein Forum oder eine Kommentarfunktion zu behalten, ist es notwendig, dass sich Nutzer registrieren und über einen Login Zugang erhalten. Zwar besteht für Nutzer weiterhin die Möglichkeit sich über ein Alias anonym zu äußern, jedoch kann bei Regelverstößen der Nutzer und sein Verlauf gesperrt oder gegebenenfalls gelöscht werden. Zusätzlich dazu ermöglicht eine Registrierung der Nutzer rechtliche Ansprüche weiterzuleiten.

Werden vom Webseitenbetreiber Instrumente zur Verfügung gestellt, um eigenständig Inhalte und Beiträge zu veröffentlichen, dann wird dem Webseitenbetreiber nahegelegt:

- ➢ Detaillierte Ausformulierung von Richtlinien zum Umgang eines Forums oder einer Kommentarfunktion anzufertigen.

- ➢ Registrierung und Login für Nutzer, die Inhalte und Beiträge veröffentlichen dürfen, einzurichten.

- ➢ Durchführung und Dokumentation regelmäßiger Kontrolle der Inhalte und Beiträge von Nutzern.

2.2.1.4.4 Verlinkungen

Will man eine Verlinkung oder Weiterleitung zu fremden Inhalten, wie zum Beispiel Webseiten oder sozialen Netzwerken, nutzen, dann ist auch hierfür der Rechteinhaber beziehungsweise Webseitenbetreiber im Vorhinein um Erlaubnis zu fragen.

Setzt man wissentlich und gewollt eine Verlinkung zu rechtswidrigen Inhalten, wie zum Beispiel Rassismus oder zu nicht jugendfreien Inhalten, dann haftet man auch für die Inhalte der verlinkten Webseite beziehungsweise Webauftrittes.[46] Ebenfalls haftet man auch für Weiterleitungen zu externen und fremden Webauftritte, wenn man von Veröffentlichung rechtswidriger Inhalte erfahren hat und die Verlinkung weiterhin bestehen lässt.

Will man auf der rechtssicheren Seite stehen, wenn es darum geht, externe und fremde Webauftritte zu verlinken oder den Besuchern eine Weiterleitung auf andere Webseiten zur Verfügung zu stellen, dann sollten diese auch dementsprechend, zum Beispiel durch die Bezeichnung „externe Links", gekennzeichnet werden.

---

[46] Vgl.: Rohrlich, Michael (2010): S. 133

Zusätzlich ist es wünschenswert, dass man in regelmäßigen Abständen eine dokumentierte Kontrolle der Webauftritte vornimmt, zu denen eine Weiterleitung besteht.

Bei Unsicherheiten oder bestehenden Zweifel wird angeraten, auf Verlinkung zu externen und fremden Webauftritten zu verzichten. Ebenfalls kann das Hinzuziehen eines Fachanwalts für das jeweilige Anliegen in Erwägung gezogen werden.

2.2.1.4.5 Werbung

Will man Werbung, verkaufsfördernde Angebote, Preisausschreiben oder Gewinnspiele auf dem eigenen Webauftritt einbinden, dann sind solche Maßnahmen laut § 6 TMG (Telemediengesetz) besonders und eindeutig zu kennzeichnen.

Wird ein Werbebanner eingeblendet, dann ist am oder im Werbebanner zu erkennen, dass es sich um Werbung handelt. In der Praxis wird ein Werbebanner explizit als Werbung oder Reklame gekennzeichnet.

Am folgenden Beispiel eines Nachrichtenartikels der Webseite www.computerbild.de findet man an der rechten Seite einen Werbebanner der Firma Vodafone, der nicht explizit als Werbung oder Reklame gekennzeichnet ist. Jedoch ist aus dem dargestellten Werbebanner ersichtlich, dass es sich um ein Angebot zum Abschluss eines Telefon- und Internetvertrag der Firma Vodafone handelt.

Zugleich findet sich im Nachrichtenartikel ein eingeblendetes Werbeangebot zum Kauf von Drohnen. Dieser Werbebanner wird dadurch eindeutig gekennzeichnet, indem im Werbebanner drauf hingewiesen wird, dass man zum Angebot auf Amazon oder Idealo weitergeleitet wird.

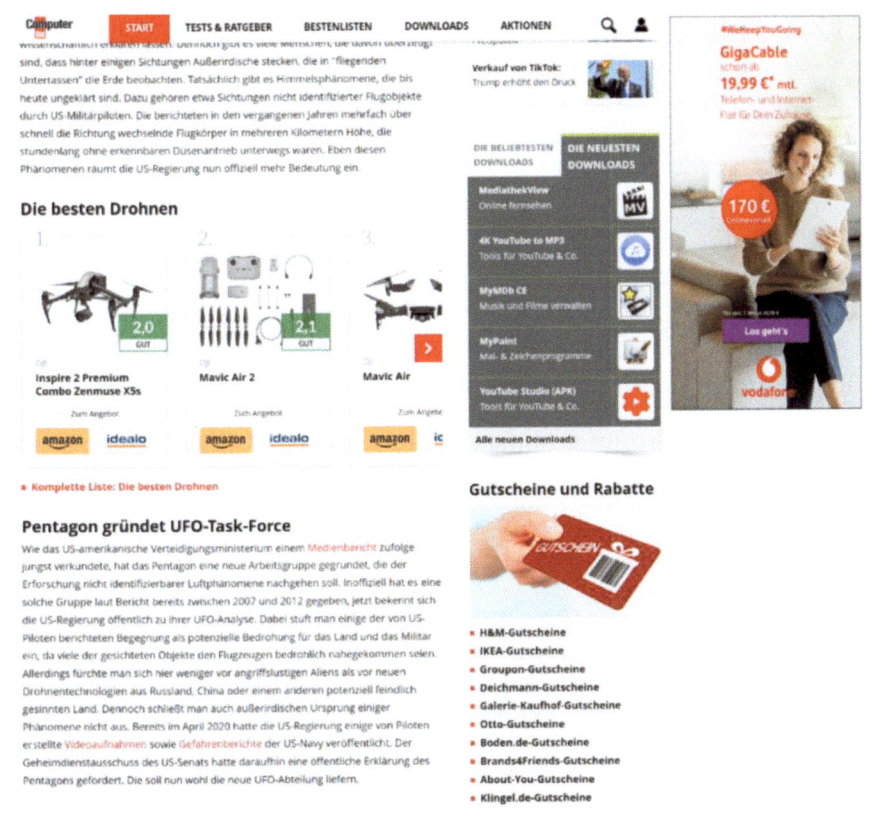

Abb. Nr. 16: Einbindung von Werbung bei einem Webauftritt am Beispiel von Computer Bild[47]

Auf der rechten Seite, neben dem zweiten Teil des Nachrichtenartikels, finden sich unter der Überschrift „Gutscheine & Rabatte" diverse Firmen, für die Gutscheine erhältlich sind.

---

[47] Vgl.: Bauer, Manuel (2020): Pentagon bestätigt – US-Militär geht auf UFO-Jagt

2.2.1.4.6 Texte / Nachrichten

Will man fremde Texte oder Teile eines fremden Textes aus einem Buch oder Blogartikel verwenden, dann ist ebenfalls zu prüfen, ob diese Texte urheberrechtlich geschützt sind.

Ob ein Text urheberrechtlich geschützt ist, hängt von einer ausreichenden Schöpfungshöhe ab. Ob und inwieweit eine persönliche und geistige Leistung vorhanden ist, ist nicht immer einfach zu bestimmen. Jedoch kann gesagt werden, umso kreativer und außergewöhnlicher ein Text ist, desto schutzwürdiger ist dieser.

Geschützt wird hierbei der spezifische Wortlaut und nicht die enthaltenen Ideen oder Fakten.

Geschützt sind grundsätzlich:

- Blogartikel
- Zeitungsartikel
- Bücher

Nicht geschützt sind grundsätzlich:

- Tweets
- Pressemitteilungen
- Anwaltsschriftsätze
- Amtliche Werke[48]

Ist ein Text urheberrechtlich geschützt, dann kann dieser dennoch unter Einhaltung des Zitatrechts genutzt werden. Das Zitatrecht ergeht aus dem § 51 UrhG (Urheberrechtsgesetz) und ist an bestimmte Voraussetzungen geknüpft.[49]

Voraussetzungen zur Nutzung urheberrechtlich geschützter Texte:[50]

- Belegfunktion – Die Nutzung fremder Texte dient zur Verdeutlichung der eigenen Ausführungen.
- Zitatlänge – Das Zitat darf die Länge der eigenen Ausführungen nicht überschreiten.
- Zitat darf nicht verändert werden – Zitat darf nicht im Sinn oder im Wortlaut verändert werden.
- Zitat wird gekennzeichnet – Das Zitat hebt sich von den eigenen Ausführungen hervor.
- Quelle wird angegeben – Urheber und Quelle wird angegeben.

---

[48] Vgl.: § 5 UrhG
[49] Vgl.: Kück, Jan-Niclas (2018): 6 Dinge, die Sie zum Urheberrecht wissen müssen!
[50] Vgl.: Schwenke, Thomas (2011): Texte richtig zitieren, statt plagiieren (Anleitung mit Checkliste)

Als Beispiel dient ein Auszug des Blogartikels „Richtig Zitieren – Alle Zitier-regeln mit Beispielen" der Webseite www.Mentorium.de, in dem im Kapitel „Wörtliches vs sinngemäßes Zitat" geschrieben wird:[51]

„Die Entscheidung, ob eine Aussage wörtlich oder sinngemäß zitiert werden soll, ist nicht immer einfach zu treffen. Als Faustregel für direkte Zitate gilt: Prägnante Aussagen, die entweder etwas veranschaulichen sollen oder auf welche Bezug ge-nommen wird, werden wörtlich zitiert. Sätze und Gedanken, die einfach in eigenen Worten geschrieben werden können, werden in der Regel sinngemäß zitiert."

Entweder man gibt eine kurze Zusammenfassung oder Inhaltsangabe des ge-wünschten Textes beziehungsweise der Textpassage oder man gibt eine Text-passage des gewünschten Textes im Original wieder. Wichtig ist, dass man in beiden Fällen einen Quellennachweis beifügt.

Als Ergebnis der Handlungsempfehlung wird es einem ermöglicht, urheber-rechtlich geschützte Texte zu verwenden.

---

[51] Vgl.: Mentorium (2020): Richtig Zitieren – Alle Zitierregeln mit Beispielen

2.2.1.4.7 Bilder

Die nachstehenden Ausführungen beschreiben, wie man urheberrechtlich geschützte Bilder, die mit einer Creativ Commons Lizenz versehen sind, für den eigenen Webauftritt nutzen kann.

Über die Suchmaske der Webseite www.creativcommons.org hat man die Möglichkeit nach Bildern, Musikdateien und Videos, die mit einer Creativ Commons Lizenz versehen sind, zu suchen. Die Suchfunktion erlaubt es nach Werken zu suchen, die man selbst nachträglich modifizieren kann, also verändern oder bearbeiten. Aber auch eine Suche nach Werken zur kommerziellen Nutzung wird ermöglicht.

Als Beispiel für die Suche nach Bildern, die man kommerziell nutzen darf, soll das Suchwort „Mond", im Englischen „moon", dienen.

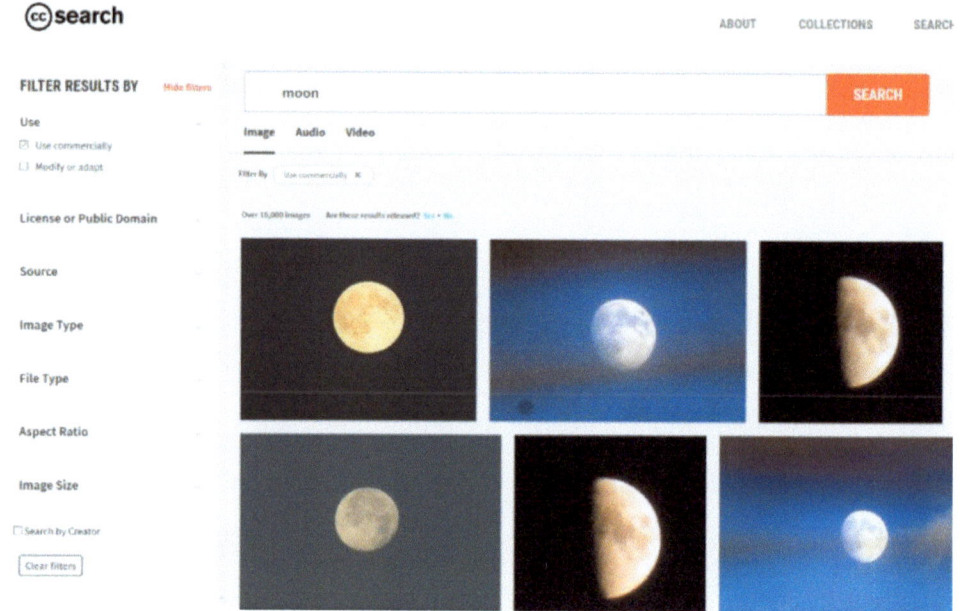

Abb. Nr. 17: Suche nach Bildern mit dem Motiv eines Mondes bei www.creativcommons.org

Beim Anklicken des ersten Bildes wird man zur Bilddatei und den Nutzungsbedingungen weitergeleitet.

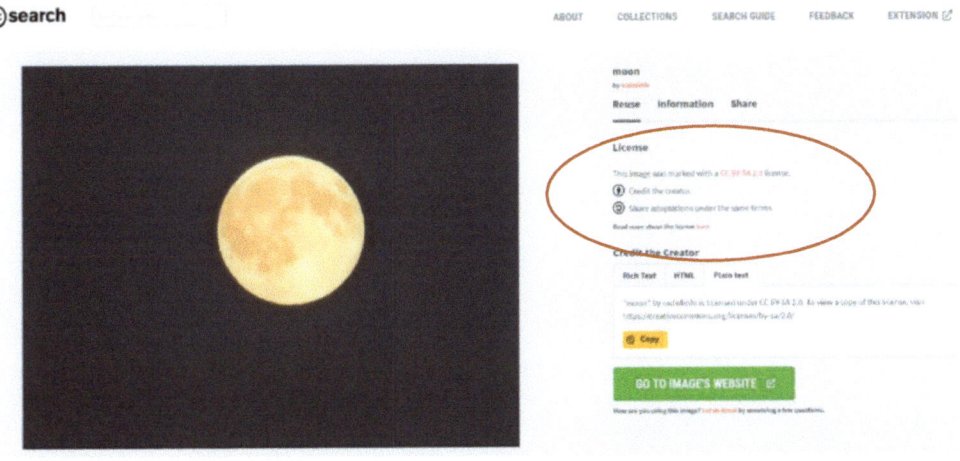

Abb. Nr. 18: Darstellung der Nutzungsbedingungen bei www.creativcommons.org

Die vorliegende Bilddatei wurde mit einer CC-BY-SA 2.0 Lizenz versehen, was bedeutet, dass man die Bilddatei kommerziell nutzen darf, verändern, vervielfältigen und weitergeben. Wobei die Weitergabe sowie Vervielfältigung in gleicher oder veränderter Form nur unter gleichen Bedingungen, also CC-BY-SA 2.0 Lizenz, möglich ist.

Die Weitergabe in gleicher oder verändert Form unter den vorherrschenden Bedingungen sind:

- Erlaubnis zur kommerziellen Nutzung
- Erlaubnis zur Modifikation
- Erlaubnis zur Vervielfältigung
- Nennung des Lizenzgebers

- Copyright-Vermerk

- Hinweis auf die Lizenz

- Verlinkung zum lizensierten Material

- Angabe von vorgenommenen Veränderungen

Den ersten Teil der Informationen, die Namensnennung, findet sich bereits als Rich-Text in HTML oder ausformuliert (Plain Text) unter der Überschrift „Credit the creator" auf derselben Webseite und sieht wie folgt aus:

„moon" by osde8info is licensed under CC BY-SA 2.0. To view a copy of this license, visit https://creativecommons.org/licenses/by-sa/2.0/

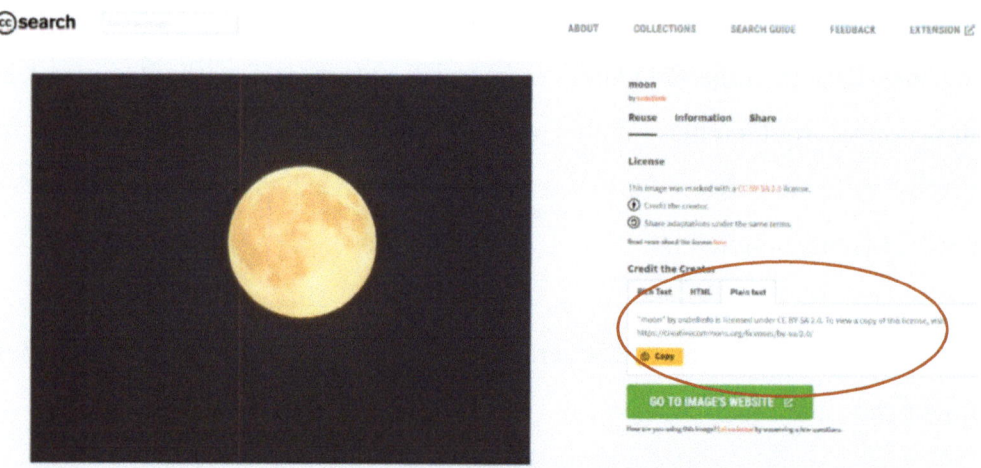

Abb. Nr. 19: Bereitstellung von Informationen bezüglich der Namensnennung als Text bei www.creativcommons.org

Den zweiten Teil zur Einhaltung der Grundvoraussetzung ist eine Verlinkung zur ursprünglichen Datei. Diese bringt man dadurch in Erfahrung, indem man auf den grünen Button „Go to Image´s Website" drückt. Man wird dann zur ursprünglichen Datei auf „flickr" weitergeleitet.

Aus der Adressleiste des Internetbrowsers kann dann der zweite Teil der Information - Verlinkung zur ursprünglichen Bilddatei - kopiert und dem ersten Teil der Information zur Namensnennung beigefügt werden.

Verlinkung zum ursprünglichen Bild:

https://www.flickr.com/photos/8764442@N07/27801782104

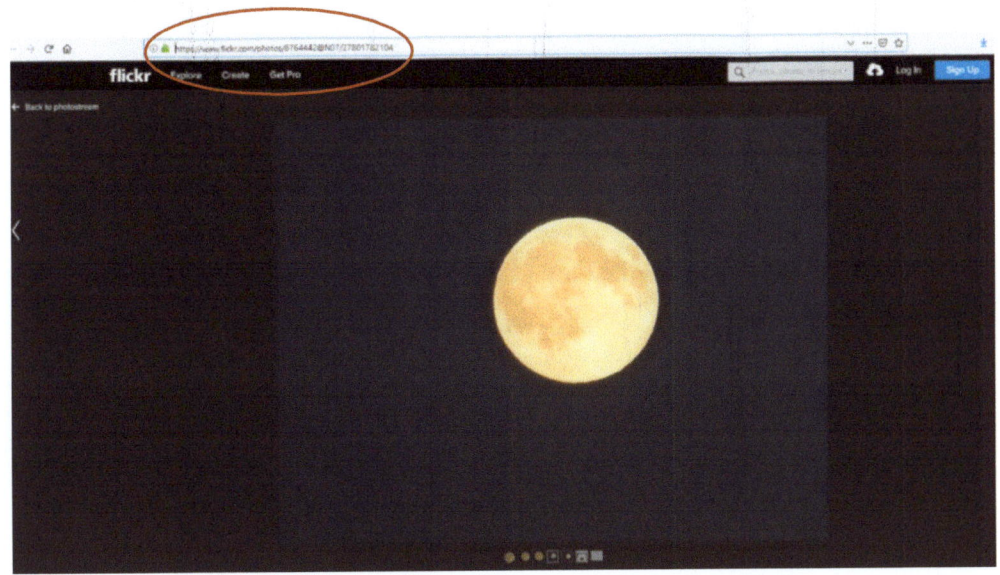

Abb. Nr. 20: Herausfiltern einer Verlinkung zum Ursprungsbild

Eine korrekte Verwendung des Bildes unter den genannten Bedingungen würde auf dem eigenen Webauftritt wie folgt aussehen:

Darstellung eines Bildes unter Einhaltung der Nutzungsbedingungen von www.creativcommons.org.

Quelle der Bilddatei:
„moon" von osde8info lizensiert durch CC BY-SA 2.0.
Lizenzvereinbarung einsehbar unter https://creativecommons.org/licenses/by-sa/2.0/
Bilddatei verfügbar in: https://www.flickr.com/photos/8764442@N07/27801782104
Die Bilddatei wurde in der Größe verändert.

Abb. Nr. 21: Beispielhafte Verwendung eines Bildes unter Einhaltung der Nutzungsbedingungen von www.creativcommons.org

2.2.1.4.8 Musik und Audiodateien

Zur Nutzung von Audiodateien oder Musik verweist die Suchmaske von www.creativcommons.org auf folgende Webseiten:

- CC Mixter
- Europeaner
- Jamedo
- Soundcloud
- Wikimedia Commons

Um den Vorgang zu verdeutlichen wird die Vorgehensweise anhand des Anbieters „Soundcloud" demonstriert.

Zunächst bedient man sich der eigenen Suchmaschine von Soundcloud, die über die Startseite www.soundcloud.com in der oberen Navigationsleiste zu finden ist.

Der Suchbegriff „moon" wird zudem über die Filter an der rechten Seite spezifiziert. Zum einen über die Filterfunktion „Tracks" um nach Audiodateien beziehungsweise Musikstücken zu suchen und zum anderen über die Filterfunktion der zu Grunde liegenden Lizenzvorgabe. In diesem Fall wurde über den Filter „to use commercially" die Suche nach kommerziell nutzbaren Audiodateien eingeschränkt.

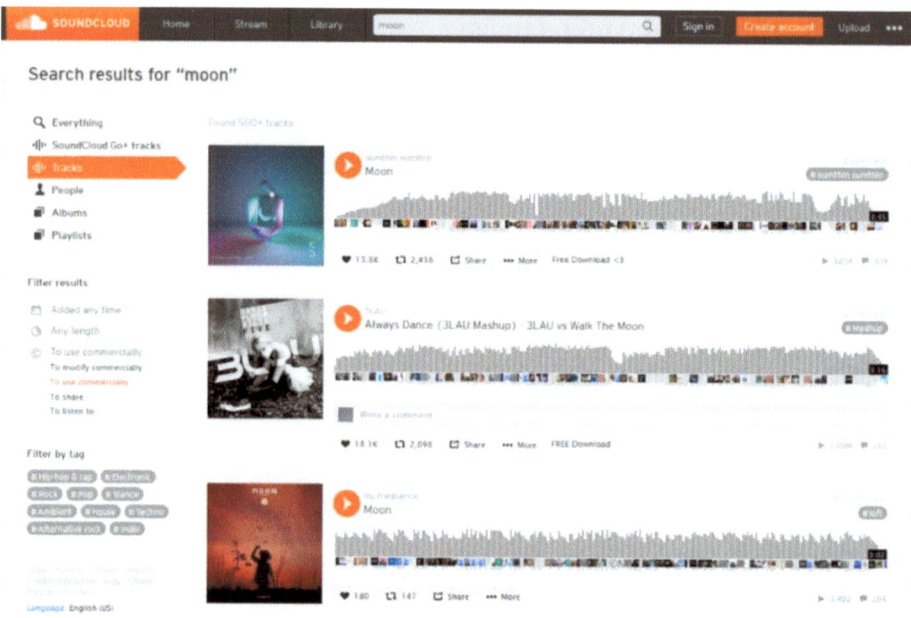

Abb. Nr. 22: Suche nach Audiodateien mit der Bezeichnung „moon" bei www.soundcloud.com

Mit Klick auf das erste Suchergebnis wird man zur Audiodatei weitergeleitet. Auf der Webseite der Audiodatei erhält man weitergehende Information und Möglichkeiten zur Interaktion mit dem Urheber oder der Audiodatei selber.

Für die gegenwärtig Demonstration ist jedoch das Augenmerk auf die Audio-beschreibung zu lenken. Über den Button „show more" erhält man Information-en zu den Lizenzvorgaben und somit die Nutzungsbedingungen der Audiodatei. Durch Anklicken der Verlinkung zu den Nutzungsbedingungen, wird ersichtlich, dass die vorliegende Audiodatei unter den Creativ Commons Lizenzbedingung CC-BY 3.0 genutzt werden darf.

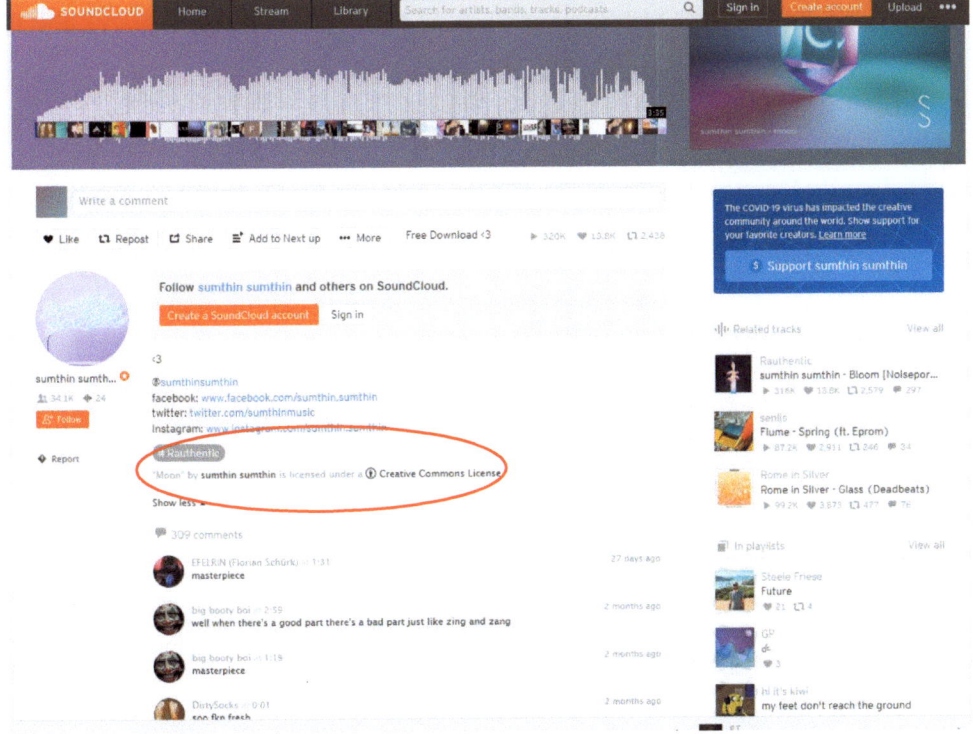

Abb. Nr. 23: Auskünfte zu Nutzungsbedingungen von Audiodateien bei www.soundcloud.com

Die Lizenzvereinbarung gibt unter den Voraussetzungen einer Namensnennung, Verlinkung zu der Lizenzvereinbarung sowie Angaben zu Änderungen am lizensierten Material an, dass:

➢ eine Nutzung kostenfrei ist,

➢ das Kopieren und Vervielfältigen an kein Medium oder Format gebunden ist,

➢ eine Modifikation in Form von Remix, Veränderung oder Weiterverarbeitung für alle Vorhaben gestattet ist und die modifizierte Version ebenfalls kommerziell genutzt werden darf,

➤ eine Weitergabe des Originals oder einer modifizierten Version nur unter den gleichen Bedingungen erfolgen darf.

Die folgende Darstellung zeigt die Lizenzvorgaben von Creativ Commons zur gewählten Audiodatei.

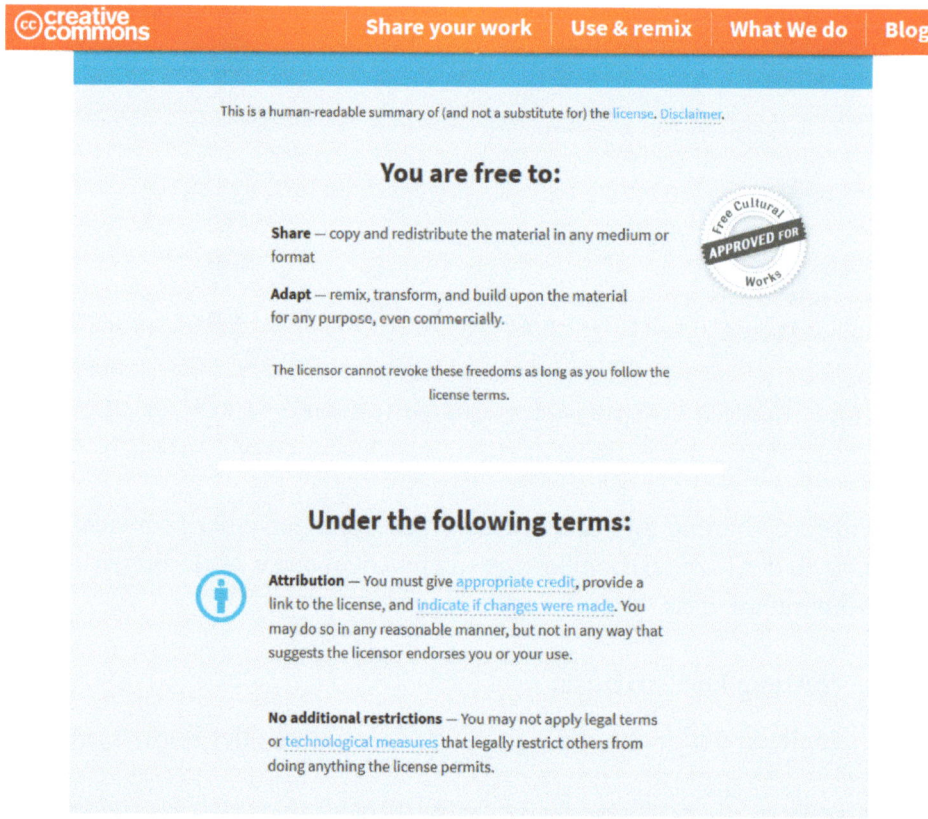

Abb. Nr. 24: Weiterleitung zu den Lizenzbedingungen von www.creativcommons.org zu der ausgewählten Audiodatei

Die Handlungsempfehlung zur Einbindung von urheberrechtlich geschützten Audiodateien oder Musikstücken wird nun beschrieben.

Entweder man pflegt einen Audioplayer mit der gewünschten Audiodatei auf der jeweiligen Webseite ein[52] oder bettet die Audiodatei direkt in eine Webseite ein, sodass die Audiodatei automatisch beim Aufruf einer Webseite abgespielt wird.[53]

Wichtig ist, dass es ohne Bedeutung ist, ob die Audiodatei über einen Audioplayer oder automatisch beim Besuch einer Webseite zur Verfügung gestellt wird, Hauptsache ist die deutliche Kenntlichmachung der Angaben, die sich aus der Lizenzvereinbarung ergeben.

In beiden Fällen, Einbindung eines Audioplayers oder automatische Wiedergabe beim Aufruf der Webseite, wird es angeraten, die Verwendung der Audiodatei visuell darzustellen und die aus der Lizenzvereinbarung notwendigen Angaben bereitzustellen.

Die Einbindung der visuellen Darstellung, dass eine Audiodatei abgespielt wird, kann in Form eines Audioplayers, Bild oder Symbol erfolgen. Die Größe und Platzierung der visuellen Darstellung auf der Webseite, ist jedem selbst überlas-

---

[52] Vgl.: Morales, Daniel (2014): WordPress – Wie fügt man Audio hinzu?
[53] Vgl.: Sander, Sebastian (2018): HTML: Musik einbinden – so geht's

sen. Hauptsache ist, dass die visuelle Darstellung erkennbar ist.

Beispiel einer visuellen Darstellung unter Angabe notwendiger Informationen aus der Lizenzvereinbarung:

Abb. Nr. 25: Beispielhafte visuelle Darstellung eines Audioplayers[54]

Angaben aus der Lizenzvereinbarung:

Quelle der Audiodatei:

„Moon" by sumthin sumthin lizenziert durch CC BY 3.0.

Lizenzvereinbarung einsehbar unter:

https://creativecommons.org/licenses/by/3.0/

Audiodatei verfügbar in: https://soundcloud.com/sumthinsumthin/moon

Es wurden keine Veränderung an der Audiodatei vorgenommen

Beispielhafte Einbindung einer visuellen Darstellung unter Angabe notwendiger Informationen aus der Lizenzvereinbarung auf einer Webseite:

---

[54] Vgl.: Fridoya (2018): Audiodatei in Website einfügen

Abb. Nr. 26: Beispielhafte Einbindung einer Audiodatei anhand der Webseite des Unternehmens Schwend Metallbau in Wertheim

2.2.1.4.9 Videos

Zur Nutzung von Videodateien beziehungsweise Videos verweist die Filterfunktion von www.creativcommons.org auf folgende Webseiten:

- YouTube
- Europeaner
- Wikimedia Commons

Eine mögliche Handlungsempfehlung zur Verwendung von Videos beim eigenen Webauftritt wird am Beispiel von YouTube.de vollzogen.

Anstatt über die Suchmaske der Webseite www.creativcommons.org nach geeigneten Videos, die über YouTube veröffentlicht wurden, zu suchen, ist es möglich, die Suchmaske der Webseite www.youtube.de direkt zu verwenden, um nach Videos mit einer Creativ Commons Lizenz zu suchen.

Hierbei bedient man sich der Filterfunktion von www.youtube.de, bei der man unter Eigenschaften den Suchfilter Creativ Commons findet. Diese Auswahl des Suchfilters liefert Videos, die mit einer Lizenz von Creativ Commons versehen ist.

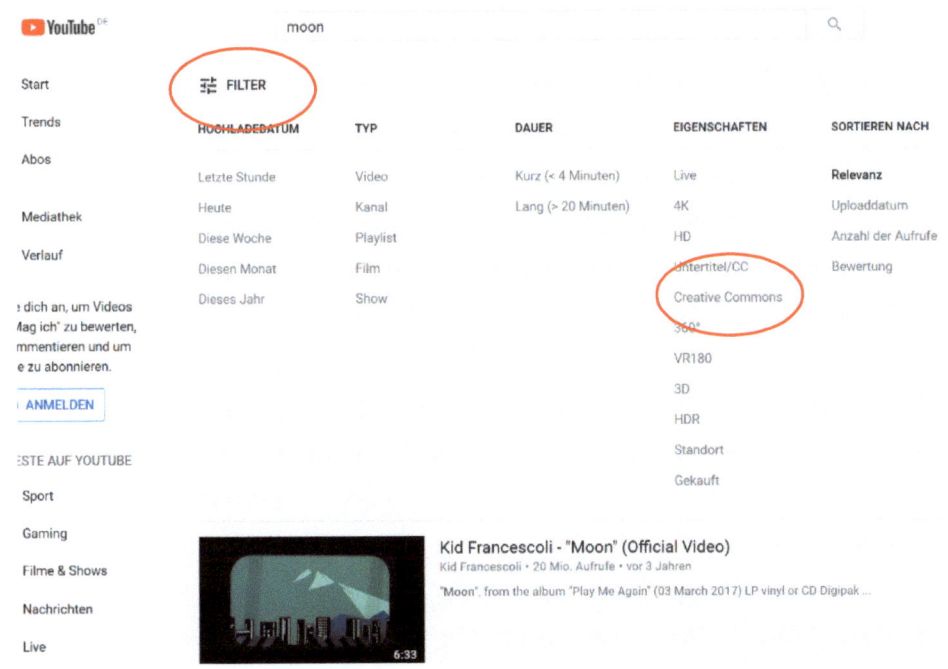

Abb. Nr. 27: Filterfunktionen nach Videos mit Creativ Commons Lizenz bei www.youtube.de

Grundsätzlich verhält es sich so, dass mit dem Hochladen eines Videos die allgemeinen Nutzungsbedingungen von YouTube LLC akzeptiert werden und somit sowohl YouTube LLC als auch Google LLC und Google Commerce Limited das weltweite, nicht-exklusive, kostenfreie Recht eingeräumt wird, hochgeladene Inhalte zu nutzen.[55]

---

[55] Vgl.: Google Ireland Limited (2019): Unsere Nutzungsbedingungen im Europäischen Wirtschaftsraum und der Schweiz

Einschließlich:

- Hosting
- Öffentliche Zugänglichmachung
- Vervielfältigung
- Verbreitung
- Veränderung
- Anzeige
- Wiedergabe

Jedoch unter Beachtung der Urheberpersönlichkeitsrechte, wie das Veröffentlichungsrecht (§ 12 UrhG), die Anerkennung der Urheberschaft (§ 13 UrhG) sowie die Entstellung des Werkes (§ 14 UrhG).[56]

Zu den Urheberpersönlichkeitsrechten zählen ebenfalls:[57]

- Das Vervielfältigungsrecht
- Das Ausstellungsrecht
- Das Vortrags-, Aufführungs- und Vorführungsrecht
- Das Recht auf öffentliche Zugänglichmachung
- Das Recht der Wiedergabe durch Bild- oder Tonträger

---

[56] Vgl.: Google Ireland Limited (2019): Unsere Nutzungsbedingungen im Europäischen Wirtschaftsraum und der Schweiz
[57] Vgl.: Urheberrecht.de (2020): Wie sieht ein Vertrag für die Einräumung aus?

YouTube LLC darf Inhalte im Original oder modifiziert nicht an Dritte weitergeben und Inhalte nicht kommerziell nutzen.

Was dürfen YouTube Nutzer ohne Creativ Commons Lizenz?

YouTube Nutzer dürfen ohne Creativ Commons Lizenz, sofern nicht anders bestimmt, Inhalte:[58]

- Vervielfältigen - Kopien für den privaten Gebrauch erstellen
- Verbreiten - Auf sozialen Netzwerken Teilen und auf eigener Webseite verlinken
- Ändern - Für den privaten Gebrauch Änderungen vornehmen
- Anzeigen - Inhalte bewerben
- Wiedergeben - Im privaten Umfeld wiedergeben

YouTube Nutzer dürfen ohne Creativ Commons Lizenz, sofern es nicht anders bestimmt ist, Inhalte nicht:

- Herunterladen - Inhalte über YouTube herunterladen
- Übersenden - Angefertigte Kopien, zum Beispiel durch externe Aufnahmegeräte wie Handyaufnahmen, an Dritte weitergeben
- Übertragen - Inhalte Streamen
- Verkaufen - Inhalte an Dritte verkaufen
- Lizensieren - Inhalte lizensieren

---

[58] Vgl.: Google Ireland Limited (2019): Unsere Nutzungsbedingungen im Europäischen Wirtschaftsraum und der Schweiz

Jedoch immer unter Beachtung der Urheberpersönlichkeitsrechte, wie das Veröffentlichungsrecht, die Anerkennung der Urheberschaft sowie die Entstellung des Werkes[59]

Was dürfen YouTube Nutzer mit Creativ Commons Lizenz?

Anstatt die standardisierte YouTube LLC Lizenz, die in den Allgemeinen Geschäftsbedingungen verankert ist, können sich Nutzer bei der Veröffentlichung von Inhalten für eine Creativ Commons Lizenz der Kategorie CC-BY entscheiden.[60]

Hierbei wird den Nutzern von YouTube die Möglichkeit eingeräumt:

- Inhalte privat und kommerziell zu verwenden
- Inhalte in bearbeiteter Form privat und kommerziell zu verwenden

---

[59] Vgl.: Google Ireland Limited (2019): Unsere Nutzungsbedingungen im Europäischen Wirtschaftsraum und der Schweiz
[60] Vgl.: Google Ireland Limited (2020): Creativ Commons

2.2.2 Checkliste Urheberrecht

Eine abschließende Checkliste, welche die erarbeiteten Ergebnisse der einzelnen Kapitel aufgreift, richtet folgende Vorgaben an die Kontrolle einer rechtssicheren Einbindung von Inhalten bei einem Webauftritt:

☐ Inhalte sind frei von Schutzrechten

☐ Urheberrecht wird umgangen

☐ Verwendung von geschützten Inhalten wird vertraglich zugesichert

☐ Allgemeines Persönlichkeitsrecht wird beachtet

☐ Referenzen, Kunden und Partner wurden ordnungsgemäß eingepflegt

☐ Externe Verlinkungen werden ordnungsgemäß verwaltet

☐ Forum oder Kommentarfunktion verfügt über einen registrierten Zugang

☐ Werbung wird als solche gekennzeichnet

☐ Urheberrechtlich geschützte Texte werden richtig zitiert

☐ Bilder, Musikstücke oder Videos werden rechtssicher verwendet

☐ Strafgesetzbuch sowie Jugendschutzgesetz wird eingehalten

2.3 Datenschutz

Der Schutz personenbezogener Daten resultiert aus der Datenschutz-Grundverordnung (DSGVO) der Europäischen Union und fungiert als Richtlinie für die einzelnen Mitgliedsstaaten.

In Deutschland regelt das Bundesdatenschutzgesetz (BDSG) zusammen mit den Datenschutzgesetzen der Länder und anderen bereichsspezifische Regelungen den Umgang mit personenbezogenen Daten, die sowohl durch Informations- und Kommunikationssysteme als auch in Papierform verarbeitet werden.

Sobald personenbezogene Daten erhoben, verarbeitet oder gespeichert werden, ist es notwendig, Datenschutz zu implementieren und eine Datenschutzerklärung zu formulieren. Darüber hinaus sind betroffene Person über den Datenschutz zu informieren.[61]

Zu beachten ist, dass eine Datenschutzerklärung die betroffene Person lediglich über die Erhebung, Speicherung, Verarbeitung und Weitergabe personenbezogener Daten informiert, aber keine Einwilligung der betroffenen Person darstellt.[62] In Folge dessen ist es notwendig, eine separate Einwilligung der betroffenen Person einzuholen.[63]

---

[61] Vgl.: Solmecke, Christian; Kocatepe, Sibel (2018): S. 95
[62] Vgl.: Solmecke, Christian; Kocatepe, Sibel (2018): S. 95
[63] Vgl.: Artikel 7 Nr. 1 DSGVO

116

Werden hingegen keine personenbezogenen Daten erhoben, dann erübrigt sich die Erstellung einer Datenschutzerklärung sowie die Etablierung von Maßnahmen zum Schutz von personenbezogenen Daten.

Da dies in der Praxis nicht ohne Weiteres zu bewerkstelligen ist, wird an dieser Stelle eine Anleitung gegeben, wie man Datenschutz bei einem Webauftritt sicherstellt.

2.3.1 Personenbezogene Daten

Die Identifikation, ob es sich um personenbezogene Daten handelt, wird im Artikel 4 unter Nr.1 der DSGVO (Datenschutz-Grundverordnung) definiert. Im Wortlaut:

„personenbezogene Daten": Alle Informationen, ... die direkt oder indirekt, insbesondere mittels Zuordnung zu einer Kennung, wie zum Beispiel einem Namen, zu einer Kennnummer, zu Standortdaten, zu einer Online-Kennung oder zu einem oder mehreren besonderen Merkmalen identifiziert werden kann, die Ausdruck der physischen, physiologischen, genetischen, psychischen, wirtschaftlichen, kulturellen oder sozialen Identität dieser natürlichen Person sind;

Zu persönlichen Daten zählen somit:[64]

- Name
- Adresse
- Alter
- Geschlecht
- IP-Adresse und Server-Logs
- Mobilfunknummer
- Standortdaten
- Fotos, Videos, Audiodateien

---

[64] Vgl.: Solmecke, Christian; Kocatepe, Sibel (2018): S. 43

- Nutzungsdaten
- Kalendereinträge
- Registrierungsdaten
- Korrespondenzen
- Kontoverbindungsdaten
- Nutzerdaten aus einem Kontaktformular
- Nutzerregistrierung auch bei Kommentarfunktion

Sobald Analysetools, wie zum Beispiel Google Analytics, Piwik oder etracker, verwendet werden, dann sind deren Einsätze und Umfänge im Detail zu beschreiben und in die Datenschutzerklärung mit aufzunehmen.

Das gleiche gilt auch für Plugins von Seiten, wie zum Beispiel Facebook, Twitter, Instagram, Pinterest oder Google+. Auch hier ist der Einsatz und Umfang solcher Plugins im Detail in die Datenschutzerklärung mit aufzunehmen.

Werden Werbenetzwerke, wie zum Beispiel Google AdSense oder Amazon Partnerprogramme mit eingebunden, dann sind dessen Verwendungen ebenfalls im Detail und vollem Umfang in die Datenschutzerklärung mit aufzunehmen.

Auch eine Verwendung von Cookies ist im Detail in die Datenschutzerklärung aufzunehmen.

2.3.2 Inhalt einer Datenschutzerklärung

Neben einer feinen und säuberlichen Struktur einer Datenschutzerklärung, ist zusätzlich darauf zu achten, dass eine Datenschutzerklärung über definierte Inhalte verfügt.[65]

Die Informationspflicht des Webseitenbetreibers gegenüber einer betroffenen Person ist in Art. 13 DSGVO geregelt. Man findet Angaben, wie zum Beispiel:

- Namen und Kontaktdaten des Verantwortlichen oder Datenschutzbeauftragten und falls vorhanden dessen Vertreter

- Den Zweck und die Rechtsgrundlage für die Verarbeitung

- Maßnahmen zur Sicherung personenbezogener Daten

- Absicht, personenbezogene Daten an Dritte, ein Drittland oder eine internationale Organisation zu übermitteln

- Die Dauer der Speicherung

- Hinweise auf Rechte der betroffenen Person in Bezug auf Auskünfte, Widerspruch, Sperrung, Berichtigung, Einschränkung der Verarbeitung und Löschung der Daten

- Ein Hinweis auf das Recht sich bei einer Aufsichtsbehörde zu beschweren

- Hinweis, dass Daten über den Zweck hinaus verarbeitet werden

---

[65] Vgl.: Art. 12 Nr. 1 DSGVO

2.3.3 Sicherstellung von Datenschutz

Die Anforderungen an die Sicherheit der Datenverarbeitung wird im § 64 BDSG (Bundesdatenschutzgesetz) festgehalten. Richtlinien bei der Umsetzung von technischen und organisatorischen Maßnahmen zum Schutz von personenbezogenen Daten sind hierbei einschlägigen Empfehlungen des Bundesamtes für Sicherheit in der Informationstechnik.

Die Abwägung der Maßnahmen erfolgt unter dem Hintergrund, welche technischen und organisatorischen Möglichkeiten zur Verfügung stehen und wie hoch die Eintrittswahrscheinlichkeit sowie Gefahren einer Rechtsverletzung für die Rechtsgüter der betroffenen Person sind.

Für den Webseitenbetreiber ist es wichtig, sich mit den Maßnahmen, die im § 64 BDSG vorgegeben werden, auseinanderzusetzen. Denn die eingeleiteten Maßnahmen werden in die Datenschutzerklärung mit aufgenommen.

Die Maßnahmen sollten folgenden Zweck erfüllen:

- Verwehrung des Zugangs und Zugriffs zu personenbezogenen Daten für Unbefugte

- Verhinderung des unbefugten Lesens, Kopierens, Veränderns oder Löschens von Datenträgern oder personenbezogenen Daten

- Verhinderung von unbefugtem Zugang zum Verarbeitungssystem

- Vertraulicher und integer Transport sowie Übermittlung von Daten

- Wiederherstellbarkeit von Daten bei Störungen

- Sicherstellung, dass bei Fehlfunktionen Daten nicht beschädigt werden

- Überprüfung und Feststellung, welche Daten zu welchem Zeitpunkt und von wem eingegeben oder verändert wurden

- Gewährleistung einer sicheren Übermittlung von Daten

- Gewährleistung eines funktionierenden Verarbeitungssystems

- Gewährleistung, dass personenbezogene Daten nur entsprechend den Anweisungen des Auftraggebers verarbeitet werden können

- Schutz von personenbezogenen Daten vor Zerstörung und Verlust

- Gewährleistung, dass personenbezogene Daten nach Zweck getrennt verarbeitet werden können

2.3.3.1 Online

Um als Webseitenbetreiber Datenschutz rechtssicher zu implementieren, bedarf es zum einen einer professionellen Datenschutzerklärung, die auf der Webseite leicht zugänglich, gut leserlich sowie jederzeit verfügbar ist, und zum anderen die Zustimmung der betroffenen Person zur Erhebung, Verarbeitung, Speicherung sowie Weitergabe von personenbezogenen Daten.

Um eine Datenschutzerklärung auf der Webseite leicht zugänglich, gut leserlich sowie jederzeit verfügbar zu halten, wird:

- ein eigenständiger Menüpunkt mit der Bezeichnung „Datenschutz", der über jede Haupt- und Unterseite zugänglich ist, eingepflegt.

- die Datenschutzerklärung fein und säuberlich strukturiert sowie mit einer angemessenen Schriftgröße versehen.

- der Zugang zur Datenschutzerklärung selbst bei Störungen oder Arbeiten am Webauftritt sichergestellt.

Um eine rechtsichere Einwilligungserklärung einer betroffenen Person einzuholen, ist darauf zu achten, dass man die Datenschutzerklärung der betroffenen Person vor der Einwilligungserklärung zukommen lässt.

Man bedient sich hierbei in der Regel einem Pop-up-Fenster mit Option-In-Verfahren, wobei bei diesem Verfahren die Datenschutzerklärung der betroffenen Person präsentiert und zugleich eine nicht vorangekreuzte Checkbox zur Einwilligung bereitgestellt wird.[66]

Dieses Verfahren lässt sich bei der Nutzung einer Webseite, als auch bei der Registrierung zu einer Webseite hervorragend nutzen. Zumeist wird in der Praxis neben einer Einwilligung zum Datenschutz auch eine Einwilligung zu den Allgemeinen Geschäftsbedingungen eingeholt.

Ein geeignetes Beispiel bietet der Webauftritt von www.billiger-mietwagen.de, die bei Aufruf der Startseite am unteren Bildschirmrand einen Hinweis auf den Datenschutz gibt.

---

[66] Vgl.: Solmecke, Christian; Kocatepe, Sibel (2018): S. 105

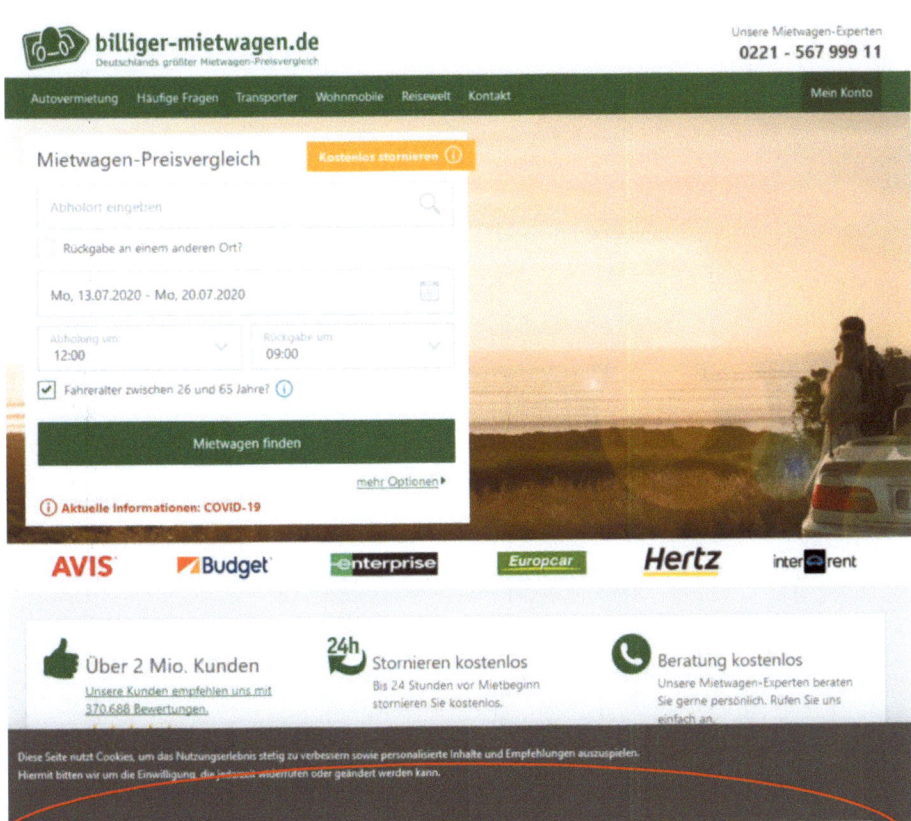

Abb. Nr. 28: Einblendung eines Hinweises auf den Datenschutz am Beispiel der Webadresse
www.billiger-mietwagen.de

Man hat die Möglichkeit die Nutzung von personenbezogenen Daten zu akzeptieren oder die Einstellungen zur Nutzung personenbezogener Daten über das anklickbare Feld „Mehr" anzupassen.

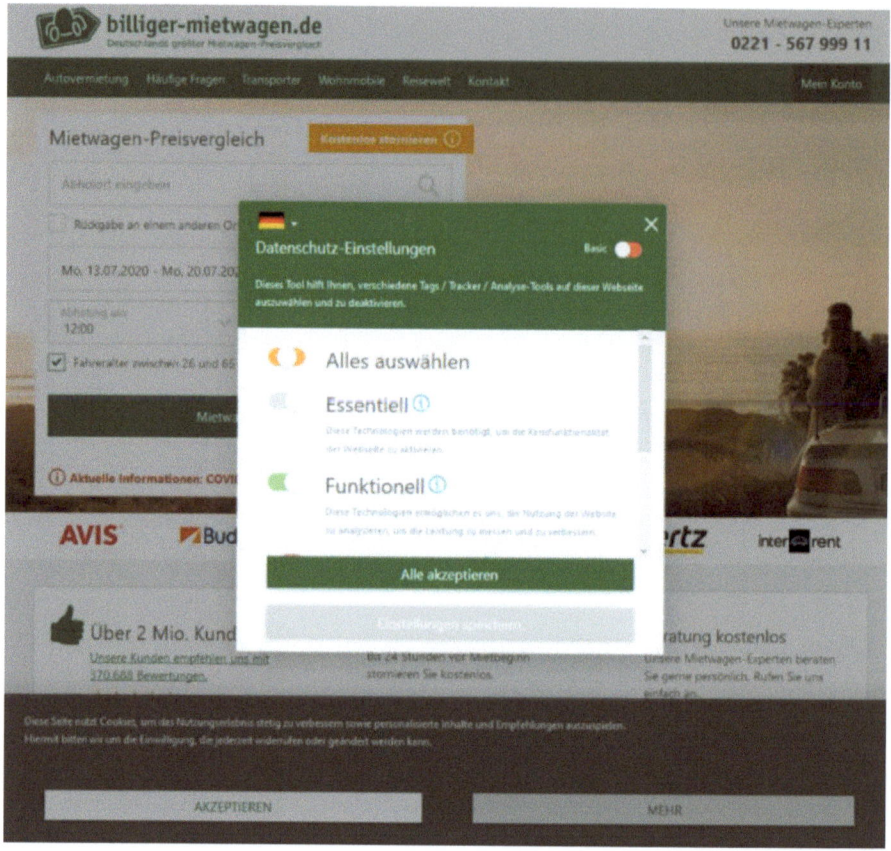

Abb. Nr. 29: Einstellungen zum Datenschutz am Beispiel der Webadresse www.billiger-mietwagen.de

Beim Anpassen des Datenschutzes gibt die Webseite www.billiger-mietwagen.de folgende Möglichkeiten vor:

❖ Alle Funktionen zu akzeptieren

❖ Funktionelle Analyse der Webseite zu akzeptieren oder abzulehnen

In der Datenschutzerklärung findet man unter dem Menüpunkt „Funktionell" Hinweise auf die Verwendung von zusätzlicher Software. Angegeben wird hier die Verwendung von „Mouseflow", „Optimizely" und „Google Analytics".

❖ <u>Personalisierung der Webseite zu akzeptieren oder abzulehnen</u>

In der Datenschutzerklärung findet man unter diesem Thema Hinweise zur Verwendung zusätzlicher Software, als auch externe Dienstleister, wie zum Beispiel „Google Ads", „Google Adsense", „Google Dynamic Remarketing", „TradeDoubler" oder „Facebook Pixel".

❖ <u>Mit dem Option-In Schalter „Komfort" kann man die Zusendung automatisch generierte E-Mails akzeptieren oder ablehnen</u>

Mit Zustimmung erteilt man dem Webseitenbetreiber eine Erlaubnis E-Mails zu versenden, um dem Nutzer die Möglichkeit zu geben, Bewertungen zu Kauferlebnissen abzugeben oder Kommentare zu Kauferlebnissen zu erhalten.

Hat man eine Auswahl getätigt, akzeptiert und gespeichert, findet man unter den Einstellungen für Cookies einen Eintrag des jeweiligen Webauftrittes.

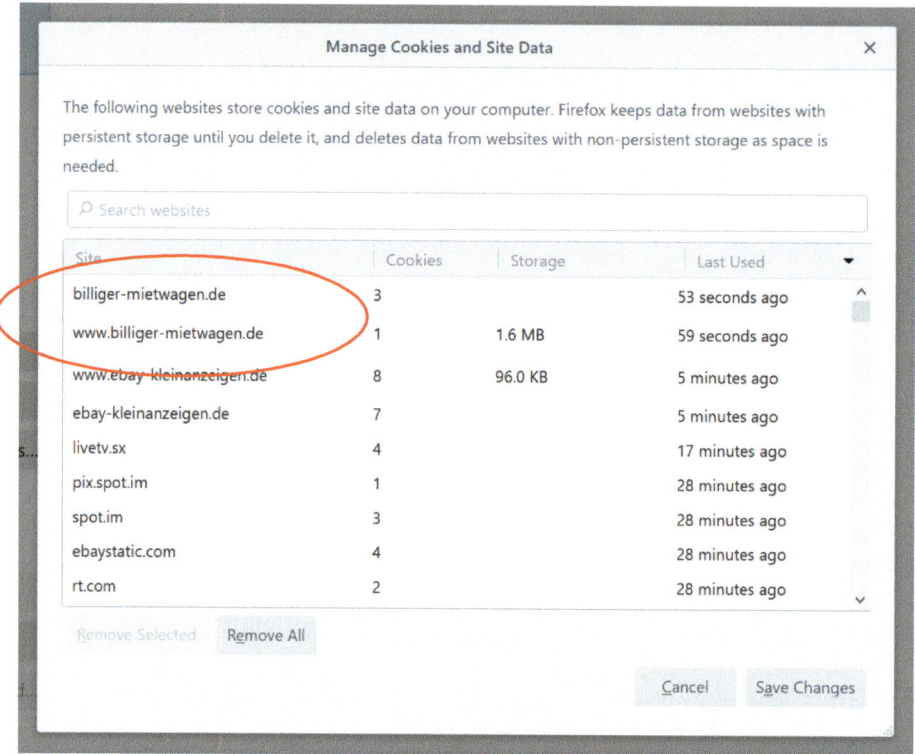

Abb. Nr. 30: Hinterlegte Cookies beim genutzten Internetbrowser zur Sicherung des persönlichen Datenschutzes

Im Gegenzug speichert der Webseitenbetreiber die vorgenommenen Einstellungen unter der verwendeten IP-Adresse und dem Zugriffszeitpunkt.

Nach Abschluss der Einwilligung zur Verarbeitung von personenbezogenen Daten wird die Datenschutzerklärung nochmals in elektronischer Form an die betroffene Person versendet.

Ebenfalls ist die Datenschutzerklärung jederzeit zugänglich zu machen, indem diese leicht auf dem Webauftritt zu finden ist.

2.3.3.2 Offline

Als praxisorientiertes Beispiel, wie der Datenschutz für Unterlagen und Aufzeichnungen in Papierform umzusetzen ist, eignet sich das Prostituiertenschutzgesetz (ProstSchuG).

In § 28 ProstSchutG finden sich konkrete Maßnahmen zu Aufzeichnungs- und Aufbewahrungspflichten für Betreiber eines Prostitutionsgewerbes.

Neben den Bestimmungen, was genau zu dokumentieren ist, finden sich auch Vorgaben, wie zum Beispiel:

- Aufzeichnungen sind für jeden Tätigkeitstag am gleichen Tag vorzunehmen

- Die Aufzeichnungen sind in der jeweiligen Betriebsstätte aufzubewahren

- Aufzeichnungen, die personenbezogene Daten enthalten, sind so aufzubewahren, dass Unberechtigte keinen Zugriff haben

- Der Betreiber eines Prostitutionsgewerbes hat die Aufzeichnungen vom Tag der Aufzeichnung an zwei Jahre lang aufzubewahren

Auf Grundlage dieser rechtlichen Vorgaben kann man erste Rückschlüsse auf die Umsetzung organisatorischer Anforderungen zum Datenschutz in Papierform treffen.

➢ Einrichtung eines separaten und abschließbaren Raumes für die Ablage von Unterlagen und Dokumenten.

➢ Haben mehrere Personen Zutritt zum Raum, ist ein verschließbarer Aktenschrank anzuschaffen.

➢ Benennung einer Person, die zur Aufzeichnung von Geschäftsvorfallen berechtigt ist.

➢ Benennung einer Person, die zur Verwaltung von Unterlagen und Dokumenten berechtigt ist.

➢ Benennung einer Person mit Zutrittserlaubnis zum Raum, in denen die Unterlagen und Dokumente gelagert werden.

2.3.4 Checkliste Datenschutz

Eine abschließende Checkliste, welche die erarbeiteten Ergebnisse der einzelnen Kapitel aufgreift, richtet folgende Vorgaben an die Kontrolle von Datenschutz bei einem Webauftritt:

☐ Werden personenbezogene Daten erhoben, verarbeitet, gespeichert oder weitergegeben?

☐ Wurde festgelegt, welche personenbezogenen Daten betroffen sind?

☐ Wird der Zweck und Umfang zur Erhebung, Verarbeitung, Speicherung und Weitergabe von personenbezogenen Daten klar definiert?

☐ Wird die Datenschutz-Grundverordnung (DSGVO) der Europäischen Union eingehalten?

☐ Wird das Bundesdatenschutzgesetz (BDSG) der Bundesrepublik Deutschland eingehalten?

☐ Werden länderspezifische Regelungen zum Datenschutz eingehalten?

☐ Werden branchenspezifische Regelungen zum Datenschutz eingehalten?

☐ Wurden Maßnahmen zum Schutz von personenbezogenen Daten sowohl für die Verwendung von elektronischer Datenverarbeitung als auch für Übermittlung und Archivierung in Papierform etabliert?

☐ Wurde die Nutzung von zusätzlicher Software, Plugins oder Cookies in die Datenschutzerklärung mit aufgenommen?

☐ Ist eine detaillierte Datenschutzerklärung ausformuliert worden?

☐ Ist die Datenschutzerklärung sauber strukturiert und gut leserlich?

☐ Ist der Zugang zur Datenschutzerklärung leicht zugänglich, gut leserlich und jederzeit möglich?

☐ Ist eine rechtssichere Einwilligung von betroffenen Personen zur Erhebung, Verarbeitung, Speicherung sowie Weitergabe eingeholt worden?

2.4 Impressum

Laut § 5 TMG (Telemediengesetz) sind Webseitenbetreiber, die Webauftritte geschäftsmäßig betreiben, in der Pflicht ein Impressum leicht erkennbar, unmittelbar erreichbar und ständig verfügbar zu halten.

Hinterlässt man einen geschäftsmäßig genutzten Auftritt auf sozialen Netzwerken, wie zum Beispiel Facebook oder YouTube, dann ist auch dort ein Impressum leicht erkennbar, unmittelbar erreichbar und ständig verfügbar zu halten.

Ein Impressum gibt an, wer für einen bestimmten Auftritt im World Wide Web verantwortlich ist. Hierzu sind laut § 5 TMG folgende Angaben zu machen:

- Vor- und Nachname des Betreibers
- Adresse mit Straße, Hausnummer, Ort und Postleitzahl
- Kontaktdaten, wie zum Beispiel E-Mail-Adresse oder Telefonnummer
- Firmenname, Rechtsform und Vertreter
- Registernummer und Registergericht
- Aufsichtsbehörde
- Umsatzsteuer-ID
- Zusätzliche Angaben bei reglementieren Berufen
- Berufsrechtliche Vorschriften

Nachdem die notwendigen Angaben zusammengestellt wurden, ist es notwendig sicherzustellen, dass die Angaben leicht erkennbar, unmittelbar erreichbar und ständig verfügbar sind.

1. Leicht erkennbar wird dadurch sichergestellt, dass das Impressum als solches zu erkennen ist. Hierzu stellt man sicher, dass ein Menüpunkt mit der Bezeichnung „Impressum" in der Navigationsleiste oder in der Kopf- oder Fußzeile zu finden ist. Man achte hierbei auch auf eine angemessene Schriftgröße.

2. Unmittelbar erreichbar wird dadurch sichergestellt, dass das Impressum von jeder Unterseite oder über jedes Unterverzeichnis des Webauftrittes zugänglich ist. Eine ständige Bereitstellung einer Weiterleitung beziehungsweise Verlinkung in der Navigationsleiste oder in der Kopf- oder Fußzeile stellt eine weit verbreitete Lösung dar.

3. Ständig verfügbar wird dadurch sichergestellt, dass selbst bei Störungen oder in Folge von Instandhaltungsmaßnahmen am Webauftritt ein Zugang zum Impressum gewährleistet wird.

2.4.1 Organisatorische Anforderungen an ein Impressum

Als praktisches Beispiel, um die Umsetzung der rechtlichen Vorgaben in Bezug auf die Impressumspflicht zu verdeutlichen, dient die Unternehmensberatung „annex consult" in Mosbach.

In diesem Beispiel hat sich die „annex consult GmbH" entschieden, einen Verweis beziehungsweise eine Weiterleitung mit der Bezeichnung „Impressum" in der Fußzeile bereitzustellen.

Willkommen bei annex consult

aktuelles:

- Erfolgreiches Symposium:
  "Sicher in die Zukunft"
  Risiken managen – Ziele erreichen
- Informationen zum Risikomanagement-System
  Seit 1994 beraten wir erfolgreich mittelständische Unternehmen, die unsere
  umfangreiche Expertise zu schätzen wissen.

Seit 1994 beraten wir erfolgreich mittelständische Unternehmen, die unsere umfangreiche Expertise zu schätzen wissen.

Durch den kombinierten Einsatz von fundiertem Branchen-Know-how und praxiserprobten Arbeitstechniken erhöhen wir die Effizienz und Effektivität unserer Mandanten. Wir erzielen eine nachhaltige Ergebnisverbesserung und erhöhen damit den Wert des Unternehmens. Wir bringen die Dinge auf den Punkt und zeichnen uns durch eine klare und verständliche "Unternehmersprache" aus.

Wir sind Praktiker und wissen, dass nur umsetzbare und realistische Lösungen einen Mehrwert für unsere Mandanten haben.

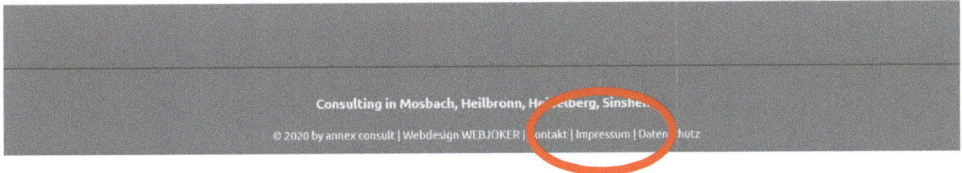

Consulting in Mosbach, Heilbronn, Heidelberg, Sinsheim

© 2020 by annex consult | Webdesign WEBJOKER | Kontakt | Impressum | Datenschutz

Abb. Nr. 31: Beispielhafte Einbindung einer Verlinkung zu einem Impressum anhand des Unternehmens Annex Consult GmbH in Mosbach

Mit Anklicken der Weiterleitung gelangt man direkt zu einem leserlichen und strukturierten Impressum.

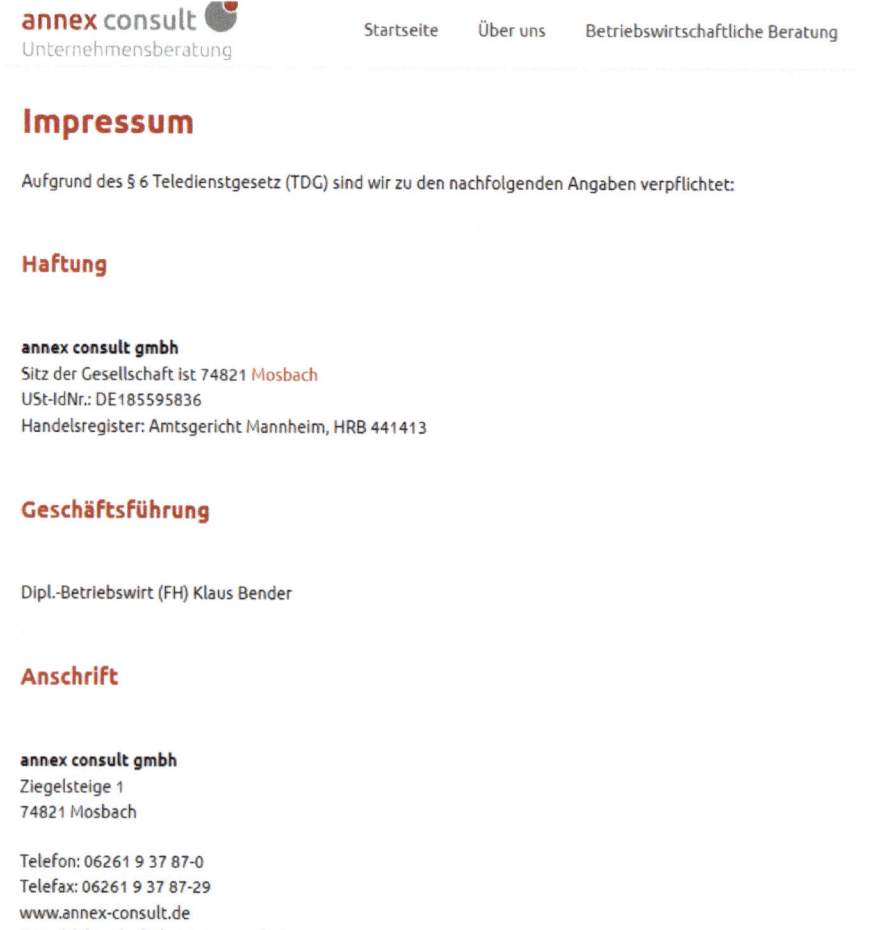

Abb. Nr. 32: Beispielhaftes Impressum anhand der Unternehmensberatung Annex Consult GmbH in Mosbach

Bestehen Zweifel oder Unsicherheiten bezüglich der Erstellung eines Impressums, stehen Fachanwälte für Onlinerecht stets zur Seite.

Für die Einbindung eines Impressums bei einem Webauftritt sind Webentwickler oder Agenturen für Webentwicklung zuständig. Eventuell kann auch der gewählte Internetprovider oder Webhostanbieter unterstützend zur Seite stehen.

2.4.2 Checkliste Impressum

Eine abschließende Checkliste zur Impressumspflicht richtet folgende Vorgaben an die Kontrolle:

☐ Ist der Webauftritt geschäftlich veranlasst?

☐ Ist ein Impressum nach Telemediengesetz (TMG) vorhanden?

☐ Ist das Impressum leicht erkennbar, unmittelbar erreichbar und gut leserlich?

3. Onlineshop

Betreibt man einen Onlineshop, so sind neben den eingangs beschriebenen rechtlichen und organisatorischen Anforderungen weitere wichtige Vorgaben zu beachten.

Ein Betreiber eines Onlineshops findet folgende Bereiche, die es in jedem Fall zu beachten gilt:

- Fernabsatzrecht
- Anbieterkennzeichnung
- Produktbeschreibung
- Preisangabe
- Allgemeine Geschäftsbedingungen
- Widerrufsrecht
- Gesetz gegen unlauteren Wettbewerb
- Metatags
- Jugendschutzgesetz
- Datenschutz

Es wird darauf hingewiesen, dass diese Bereiche in den folgenden Ausführungen nur grob skizziert werden und eine detaillierte Ausarbeitung, je nachdem um welche Produkte oder Dienstleistung es handelt, dementsprechend zu vertiefen gilt.

3.1 Fernabsatzrecht

Kommt ein Kaufvertrag über einen Onlineshop oder über E-Mail, Telefon, Fax, Brief, aber auch Katalog zustande, handelt es sich um ein Fernabsatzvertrag.[67]

Ist dies der Fall, dann sind die Vorschriften aus Kapitel 2 des Bürgerlichen Gesetzbuches für Fernabsatzverträge und Verträge, die außerhalb von Geschäftsräumen geschlossen werden, zu beachten.

Bei einem Fernabsatzvertrag, bei dem es sich nicht um einen Vertrag über Finanzdienstleistungen handelt, hat ein Onlinehändler gewisse Informationspflichten einzuhalten,[68] die sich konkretisiert im Artikel 246a EGBGB (Einführungsgesetz zum Bürgerlichen Gesetzbuch) finden.

Darunter sind laut Artikel 246a § 1 Abs. 1 EGBGB dem Verbraucher vor Vertragserklärung folgende Angaben offenzulegen:

- Vollständige Anschrift und Identität
- Wesentliche Merkmale des Angebotes
- Preis inklusive aller anderen Nebenkosten
- Zahlungs-, Liefer- und Leistungsbedingungen
- Hinweise zu Mängelhaftungsrecht, Kundendienstleistungen und Garantien
- Eventuelle Liefervorbehalte
- Zeitpunkt des Zustandekommens des Vertrags
- Gültigkeitsdauer befristeter Angebote

---

[67] Vgl.: § 312c BGB
[68] Vgl.: § 312d BGB

Zusätzlich zu den genannten Informationen ist der Verbraucher laut Artikel 246a § 1 Abs. 2 EGBGB umfänglich über sein Widerrufsrecht zu informieren, weil dem Verbraucher bei Fernabsatzverträgen ein Widerrufsrecht nach § 312g Abs. 1 BGB zusteht.

Erwähnenswert sind, je nach Unternehmung, auch die folgenden Paragraphen aus dem Einführungsgesetz zum Bürgerlichen Gesetzbuch:

> ➤ In Artikel 246a § 2 EGBGB finden sich Vorschriften zur erleichterten Informationspflicht bei Reparatur- und Instandhaltungsarbeiten

> ➤ In Artikel 246a § 3 EGBGB finden sich Vorschriften zur erleichterten Informationspflicht bei begrenzter Darstellungsmöglichkeit

> ➤ In Artikel 246a § 4 EGBGB finden sich Vorschriften, die formale Anforderungen an die Erfüllung bestehender Informationspflichten darlegen

Organisatorisch ist zu beachten, dass über einen Onlineshop angebotene Waren oder Dienstleistungen kein verbindliches Angebot darstellen, sondern eine Aufforderung ein Angebot abzugeben.

Somit ist das rechtssichere Vorgehen dadurch gekennzeichnet, dass der Betreiber eines Onlineshops bei Eingang einer Bestellung zuerst in Form einer „Eingangsbestätigung" reagiert und erst nach erfolgreicher Prüfung, ob eine Leistungserfüllung gegeben ist, im zweiten Schritt durch Versand der Ware oder durch eine Annahme des Auftrags das Angebot des Verbrauchers annimmt. In der Praxis erfolgt die Annahme einer Bestellung oder eines Auftrags für gewöhnlich durch ein Schreiben mit der Mitteilung über eine „Auftragsannahme" oder „Versandbestätigung", woraufhin ein Vertrag zustande kommt.

Der Hintergrund bei solch einem Vorgehen ist, dass mit einer Eingangsbestätigung einer Bestellung alle notwendigen Informationspflichten wahrgenommen werden. Wird nämlich der Verbraucher nicht form- und fristgerecht über sein Recht zum Widerruf informiert, verlängert sich die Frist zum Widerruf des Kaufvertrags von vierzehn Tagen auf zwölf Monate und vierzehn Tage.

3.2 Anbieterkennzeichnung

Es besteht die Möglichkeit, dass ein Webseitenbetreiber nicht identisch mit demjenigen ist, der das Angebot einer Ware oder Dienstleistung unterbreitet, und somit Vertragspartner wird. Zum Beispiel findet sich solch eine Konstellation bei Onlinebörsen oder Preissuchmaschinen wie E-Bay.de oder Idealo.de.

So gilt für den Webseitenbetreiber das Telemediengesetz und eine Impressumspflicht. Für den tatsächlichen Anbieter der Ware oder Dienstleistung, also dem Vertragspartner, gilt die Anbieterkennzeichnung aus dem Einführungsgesetz zum Bürgerlichen Gesetzbuch.[69]

Falls eine Trennung zwischen Webseitenbetreiber und Vertragspartner vorliegt, dann ist explizit darauf hinzuweisen, indem zum Angebot der Ware oder Dienstleistung der Anbieter beziehungsweise Vertragspartner kenntlich gemacht wird. Dies kann unter der Überschrift „Anbieterkennzeichnung" oder „gesetzliche Informationspflichten" erfolgen.[70]

Zusätzlich zur Offenlegung des Anbieters ist es notwendig folgende Auskünfte zu geben:[71]

---

[69] Vgl.: Rohrlich, Michael (2010): S. 181
[70] Vgl.: Rohrlich, Michael (2010): S. 182
[71] Vgl.: Rohrlich, Michael (2020): S. 182 - 184

> ➤ Wie und wann der Vertrag zustande kommt

> ➤ Hinweis auf ein Widerrufsrecht, die Folgen eines Widerrufs sowie Ausschluss eines Widerrufsrechts

> ➤ Hinweis zur Speicherung der Vertragsdaten sowie den Datenschutz

Die zusätzlichen Hinweispflichten werden in den meisten Fällen auch dadurch wahrgenommen, dass man auf die Allgemeinen Geschäftsbedingungen, das Widerrufsrecht sowie auf die Datenschutzerklärung verweist und eine Weiterleitung zu den genannten Vertragspunkten einfügt. Denn um rechtliche bindende Wirkung zu entfalten, sind diese Vertragspunkte vor Vertragsunterzeichnung offenzulegen.

Für den Fall, dass Webseitenbetreiber und Vertragspartner der angebotenen Ware oder Dienstleistung identisch sind, ist festzuhalten, dass sich die Anbieterkennzeichnung aus Artikel 246a § 1 Abs. 1 EGBGB und die Impressumspflicht aus § 5 TMG überschneiden. So ist die Anbieterkennzeichnung für einen klassischen Onlineshop mit einem veröffentlichten Impressum erfüllt.[72]

---

[72] Vgl.: Rohrlich, Michael (2010): S. 185

3.3 Produktbeschreibung

Waren und Dienstleistungen, die über einen Onlineshop vertrieben werden, bedürfen einer genauen Beschreibung der wesentlichen Eigenschaften.[73]

Darunter finden sich Angaben zu:

- Produktname
- Hersteller und Marke
- Produktspezifische Details
- Lieferzeit
- Preis

Hinzu kommen besondere Angaben für spezifische Warengruppen. Zum Beispiel:[74]

➢ Hinweis- und Kennzeichnungspflicht zu Verbraucherprodukten aus dem Produktsicherheitsgesetzes (ProdSG).

➢ Bei Elektrogeräten finden sich Kennzeichnungsvorgaben im Gesetzt über das Inverkehrbringen, die Rücknahme und die umweltverträgliche Entsorgung von Elektro- und Elektronikgeräten (ElektroG), aber auch die Verordnung zur Beschränkung der Verwendung gefährlicher Stoffe in Elektro- und Elektronikgeräten (ElektroStoffV). So ist beispielsweise die Angabe der Energieeffizienzklasse bei Elektrogeräten eine Pflicht.

---

[73] Vgl.: Artikel 246a § 1 Abs. 1 Nr. 1
[74] Vgl.: Rohrlich, Michael (2010): S. 174 - 175

- ➤ Bei Geräten mit Batterien ist das Batteriegesetz (BattG) zu befolgen.

- ➤ Computerspiele und Spielzeug unter Einhaltung des Jugendschutzgesetzes und der Verordnung über die Sicherheit von Spielzeugen.[75]

- ➤ Vertrieb von Heilsteinen oder Kristallen unter Berücksichtigung des Heilmittelwerbegesetzes sowie Gesetz gegen unlauteren Wettbewerb.

- ➤ Reisen werden unter Berücksichtigung der Europäischen Pauschalreiserichtlinie beworben.

- ➤ Anbieter von Textilprodukten und Bekleidung haben sich unter anderem an die EU-Textilkennzeichnungsverordnung zu richten.

- ➤ Die Beschreibung von Medikamenten hat insbesondere das Arzneimittelgesetz zur Grundlage.

- ➤ Außerdem ist festzuhalten, dass es auf Grundlage der Einheitenverordnung (EinhV) sowie das Einheiten- und Zeitgesetz (EinhZeitG) notwendig ist, angebotene Waren, wie zum Beispiel Fernseher, sowohl in Zoll als auch in Zentimeter anzugeben.[76]

---

[75] Vgl.: Engelhardt, Sophie (2016): Produktbeschreibung: Dies gilt es zu beachten!
[76] Vgl.: Rohrlich, Michael (2010): S. 176

Anzumerken ist an dieser Stelle, dass es sich nicht um eine abschließende Aufstellung aller notwendigen Vorschriften handelt, die bei der Beschreibung von
Waren und Dienstleistungen zum Einsatz kommen.

Vielmehr soll darauf hingewiesen werden, dass man auch bei der Beschreibung
von Waren und Dienstleistungen umfangreich recherchieren sollte, um sowohl
den rechtlichen als auch organisatorischen Anforderungen zu entsprechen.

3.4 Preisangabe

Laut Artikel 246a § 1 Abs. 1 Nr. 4 EGBGB (Einführungsgesetz zum Bürgerlichen Gesetzbuch) hat man den Verbraucher vor Vertragserklärung über den Gesamtpreis der Waren oder Dienstleistungen zu informieren.

Hierzu zählen alle Kosten, die tatsächlich anfallen werden und Kosten die womöglich anfallen könnten. Sind Kostenbestandteile vorhanden, die nicht im Voraus berechnet werden können, dann ist ein Hinweis auf solche zusätzlichen Kosten zu geben und gegebenenfalls die Art, wie die Kosten berechnet werden.

Preisangabe beinhaltet Informationen zu:

- Liefer-, Fracht- und Versandkosten
- Steuern und Abgaben

Im Detail regelt in Deutschland die Preisangabenverordnung (PreisanV) die Preisauszeichnung von Waren und Dienstleistungen:

➢ Neben dem Gesamtpreis ist auch ein Preis je Mengeneinheit anzugeben. Zum Beispiel Grundpreis von 0,49 € pro Liter oder pro Quadratmeter.[77]

➢ Die Preisauszeichnung hat bei einem Onlineshop unmittelbar neben der Abbildung oder Beschreibung von Waren und Dienstleistungen zu erfolgen.[78]

---

[77] Vgl.: § 2 PreisanV
[78] Vgl.: § 4 Abs. 4 PreisanV

> Durchgestrichene Preise sind nur in Kombination mit der Nennung des Grundes einer Preisreduzierung oder Preissteigerung anzugeben. Zum Beispiel durch Angabe einer unverbindlichen Preisempfehlung (UVP), dem Ablauf einer Einführungsphase, eines ehemaligen oder marktüblichen Preises. Dies ergeht aus dem § 1 Abs. 7 PreisanV, wonach ein Grundsatz von Preiswahrheit und Preisklarheit gilt.[79]

Unter diesen Voraussetzungen wird deutlich erkennbar, warum viele Onlineshop die Waren und Dienstleistungen auf die gleiche Art und Weise präsentieren.

Bei einem Dienstleistungsunternehmen, wie zum Beispiel einem Fliesenleger, ist es unmöglich einen Gesamtpreis anzugeben, ohne zuvor eine vor Ort Besichtigung durchzuführen. Deswegen werden in diesen Fällen lediglich die verfügbaren Leistungen offengelegt und ein Hinweis darauf gegeben, einen Termin zu vereinbaren oder eine schriftliche Angebotsanfrage zu stellen.

---

[79] Vgl.: Rohrlich, Michael (2010): S. 180 - 181

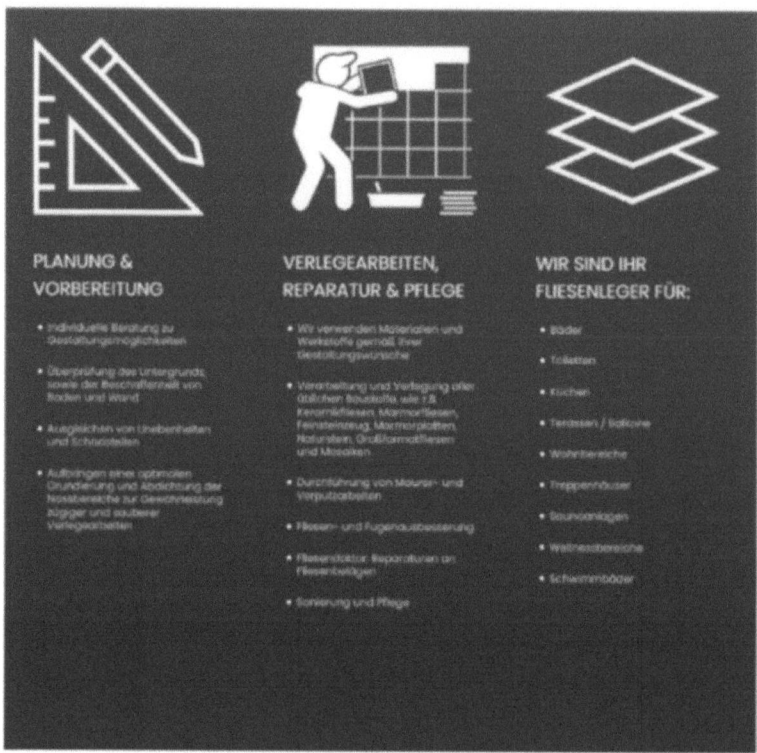

Abb. Nr. 33: Beispielhaftes Dienstleistungsangebot eines Fliesenlegers aus Würzburg[80]

Bei anderen Dienstleistungsunternehmen, wie zum Beispiel einem Massagesalon, ist es möglich, Leistungen etwas klarer zu definieren und deswegen auch Preisangaben nach rechtlichen Vorgaben umzusetzen.

In der Praxis sieht es dann wie folgt aus:

---

[80] Vgl.: Jurecki, Marek (2020): Fliesenlegen: Ihr Fliesenleger

Die Thai Öl Massage. Eine Massage für Ihr Wohlergehen

60 Minuten	38,00 €
90 Minuten	53,60 €
120 Minuten	73,10 €

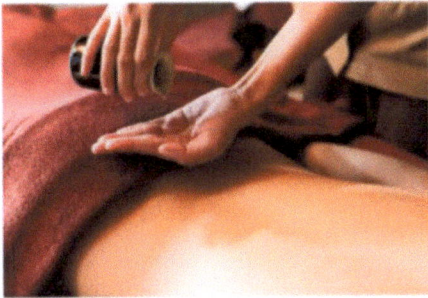

Die Traditionelle Thai Ölmassage

Mehr ......

Die Traditionelle Thaimassage mit 2500 Jahren Erfahrung

60 Minuten	38,00 €
90 Minuten	53,60 €
120 Minuten	73,10 €

Die originale Traditionelle Thaimassage

Mehr ......

Rücken Nacken Schulter Massage. Verspannungen waren gestern

30 Minuten	23,40 €
60 Minuten	38,00 €
90 Minuten	53,60 €

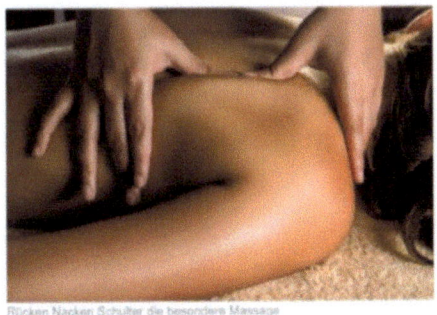

Rücken Nacken Schulter die besondere Massage

Fußmassage Wellness, Erholung als Danke an Ihre Füße

30 Minuten	23,40 €
60 Minuten	38,00 €

Die Wohltat für die Füße die Traditionelle Fußmassage

Abb. Nr. 34: Einhaltung der Preisangabenverordnung am Beispiel eines Massagesalons[81]

---

[81] Vgl.: Jakkarin Thaimassage (o. A.): Massage Preise für Ihre Massage in Aschaffenburg Stockstadt am Main

Bei einem Onlineshop für Bekleidung ist es einfacher die Kostenbestandteile im Detail und der Höhe nach anzugeben. In der Praxis findet sich dementsprechend folgendes Bild:

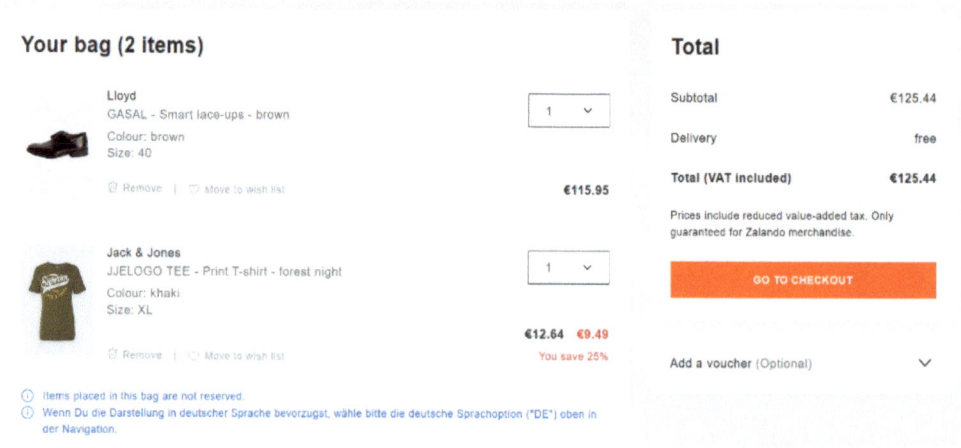

Abb. Nr. 35: Beispielhafte Auflistung von Kostenbestandteilen nach Preisangabenverordnung[82]

---

[82] Vgl.: Zalando SE (o. A.): Warenkorb: Bekleidung und Schuhe

3.5 Allgemeine Geschäftsbedingungen

Allgemeine Geschäftsbedingungen sind vorformulierte Vertragsbedingungen, die für eine Vielzahl von Verträgen angewendet werden. Somit dürfen in den Allgemeinen Geschäftsbedingungen keine individuellen Klauseln enthalten sein.

Allgemeine Geschäftsbedingungen gestalten sich unterschiedlich je nach Branche und Unternehmung, deswegen kann an dieser Stelle nur eine grundsätzliche Richtlinie beim Umgang mit der Verwendung von Allgemeinen Geschäftsbedingungen gegeben werden.

Eine Ausformulierung der einzelnen Bestandteile von Allgemeinen Geschäftsbedingungen erfolgt ganz den Erfordernissen der jeweiligen Unternehmung. Eine Ausarbeitung von Allgemeinen Geschäftsbedingungen für ein Hallenbad würde sich wesentlich von dem eines Elektrofachgeschäftes unterscheiden.

Was genau Allgemeine Geschäftsbedingungen sind und enthalten dürfen ist in Deutschland im Bürgerlichen Gesetzbuch geregelt. Man findet gesetzlichen Vorschriften zu den Allgemeinen Geschäftsbedingungen in den §§ 305 bis 310 BGB (Bürgerliches Gesetzbuch).

Damit Allgemeine Geschäftsbedingungen Vertragsgegenstand und somit Gültigkeit erlangen sind folgende Voraussetzungen zu erfüllen:[83]

- Für eine Vielzahl von Verträgen
- Vorformulierte Bedingungen
- Ausdrücklicher Hinweis auf die Allgemeinen Geschäftsbedingungen
- Vorlage vor Vertragsunterzeichnung
- Kenntnisnahme in zumutbarer Art und Weise, offensichtlich und gut lesbar

---

[83] Vgl.: Rohrlich, Michael (2010): S. 194

3.5.1 Inhalt von AGB´s

In den Allgemeine Geschäftsbedingungen finden sich Angaben:

- zum Vertragspartner
- zum Vertragsgegenstand
- zum Gerichtsstand

Mit den Allgemeinen Geschäftsbedingungen werden ebenfalls Informationspflichten, die sich aus Artikel 246a § 1 Abs. 1 EGBGB (Einführungsgesetz zum Bürgerlichen Gesetzbuch) ergeben, gegenüber Verbrauchern eingehalten.

Unter anderem finden sich Angaben zu:

- Zahlung-, Liefer- und Leistungsbedingungen
- Umgang mit Beschwerden
- Hinweis auf ein bestehendes gesetzliches Mängelhaftungsrechts
- Hinweis auf bestehende Kundendienstleistungen und Garantien
- Laufzeit und Mindestdauer von Verträgen
- Hinweis auf außergerichtliche Beschwerde- und Rechtsbehelfsverfahren

3.5.2 Organisatorische Anforderungen an AGB´s

In der Praxis erfolgt die Einbindung der Allgemeinen Geschäftsbedingungen als Vertragsgestenstand über einen Onlineshop auf drei Wege.

➢ Die Allgemeinen Geschäftsbedingungen werden über den Webauftritt oder Onlineshop öffentlich zugänglich gemacht. Hierzu wird in der Navigationsleiste ein eigener Menüpunkt hinterlegt oder man pflegt in der Fußzeile eine Weiterleitung mit der Beschriftung „AGB´s" zu den Allgemeinen Geschäftsbedingungen ein.

➢ Im Onlineverfahren werden die Allgemeinen Geschäftsbedingungen dadurch zum Vertragsgegenstand, indem diese dem Verbraucher angezeigt werden und eine Zustimmung eingeholt wird. In der Praxis erfolgt dies durch eine Zugänglichmachung der Allgemeinen Geschäftsbedingungen sowie das setzten eines Häkchens in einem dafür vorgesehen Kästchen, welches die Beschriftung trägt „Ich habe die AGB´s gelesen und akzeptiert". Somit kann man eine rechtsbindende Zustimmung zu den Allgemeinen Geschäftsbedingungen einholen.[84] Dieses Verfahren nennt sich Opt-In-Variante.

➢ Anschließend zum Vertragsabschluss werden die Allgemeinen Geschäftsbedingungen auf postalischem oder elektronischem Wege dem Verbraucher zugestellt.

---

[84] Vgl.: Rohrlich, Michael (2010): S. 194

3.6 Widerrufsrecht

Verbrauchern steht bei Fernabsatzgeschäften und bei Verträgen, die außerhalb von Geschäftsräumen geschlossen werden, grundsätzlich ein 14-tägiges Widerrufsrecht zu.[85] Dies bedeutet, dass der Verbraucher die Möglichkeit hat ohne Angabe von Gründen vom Kaufvertrag zurückzutreten.

Die Frist einer Widerrufsbelehrung beginnt nach ordnungsgemäßer Belehrung am Tag des Vertragsabschlusses. Bei Lieferungen von Waren am Tag der Zustellung.[86]

Aus bestimmten Gründen, die an dieser Stelle nicht weiter vertieft werden, sind folgende Rechtsgeschäfte vom Widerrufsrecht ausgenommen oder verfügen über eine gesonderte Regelung:[87]

- Finanzgeschäfte
- Lebensmittel, Getränke, Hygieneartikel
- Grundstücksverträge
- Fernunterrichtsverträge
- Beförderungs- und Unterbringungsverträge

Vom Widerrufsrecht ausgenommen werden im § 312g Abs. 2 BGB (Bürgerliches Gesetzbuch) beispielsweise:

---

[85] Vgl.: Rohrlich, Michael (2010): S. 185
[86] Vgl.: § 356 Abs. 2 Nr. 1 BGB
[87] Vgl.: Rohrlich, Michael (2010): S. 163

- Versiegelte Waren, wie Hygieneartikel und Software

- Zeitungen und Zeitschriften

- Waren und Dienstleistungen, deren Preis vom Finanzmarkt abhängen

- Alkoholische Getränke, deren Lieferung frühstens in 30 Tagen nach Vertragsabschluss erfolgt und zugleich Preisschwankungen ausgesetzt sind, die der Unternehmer nicht beeinflussen kann

- Nicht weiter definierte Dienstleistungen im Bereich Beherbergung und Freizeitbetätigung

- Wett- und Lotteriedienstleistungen

- Notariell beurkundete Verträge wie Bau- und Grundstücksverträge

- Waren, die speziell nach den Wünschen des Kunden gefertigt wurden

- Waren, die aufgrund ihrer Beschaffenheit nicht für eine Rücksendung geeignet sind

- Verträge über verderbliche Ware

- Verträge über Audio- und Videoaufzeichnungen

- Verträge, die in Form von Versteigerungen geschlossen wurden, nicht aber Onlineauktionen. Bei Onlineauktionen kann die Widerrufsbelehrung auch unmittelbar nach Vertragsabschluss eingehen, um die 14-tägige Widerrufsfrist rechtlich geltend zu machen[88]

- Dienstleistungen, die mit Zustimmung oder durch Veranlassung des Kunden vor Ablauf der Widerrufsfrist begonnen haben. Reparatur- und

---

[88] Vgl.: Rohrlich, Michael (2010): S. 193

Instandhaltungsmaßnahmen oder Download von E-Books oder Audio-dateien.

- Online abgeschlossene Pauschalreiseverträge[89]

- Personalbeförderungsverträge wie Taxifahrten

- Medizinische Behandlungsverträge

Ebenfalls finden sich in § 356a bis 356e BGB spezielle Regelungen in Bezug auf das Widerrufsrecht für:

- Teilzeit-Wohnrechteverträge

- Verträge über ein langfristiges Urlaubsprodukt

- Vermittlungsverträgen

- Tauschsystemverträge

- Verbraucherdahrlehensverträge

- Ratenlieferungsverträge

- Unentgeltliche Darlehensverträge sowie Finanzierungshilfen

- Verbraucherbauverträge

An dieser Stelle werden jedoch keine Sonderregelungen oder Spezialfälle behandelt, sondern grundsätzliche rechtliche und organisatorische Anforderungen an eine Widerrufsbelehrung.

---

[89] Vgl.: § 312 Abs. 7 BGB

3.6.1 Rechtliche Anforderungen an ein Widerrufsrecht

Um vom Widerrufsrecht Gebrauch zu machen, ist es notwendig, dass der Verbraucher den Widerruf des Kaufvertrags gegenüber dem Onlinehändler fristgerecht und in Textform erklärt.

Wird vom Widerrufsrecht Gebrauch gemacht, sind die vom Verbraucher gezahlten Überführungs- und Versandkosten in jedem Fall vom Onlinehändler zu erstatten, denn die Versandkosten sind fester Bestandteil des Kaufpreises.[90]

Beim Widerruf ist die Erstattung des Kaufpreises erst nach Annahme der Rücksendung vom Unternehmer zu erstatten.[91] Ein Onlinehändler kann bei einem Widerruf die Kosten der Rücksendung auf den Verbraucher abwälzen, sofern der Verbraucher dahingehend unterrichtet wurde.[92] Eine Übernahme der Rücksendekosten durch den Verbraucher muss deswegen in die Widerrufsbelehrung aufgenommen werden, um eine rechtlich bindende Wirkung zu entfalten.[93]

---

[90] Vgl.: Rohrlich, Michael (2010): S. 169
[91] Vgl.: § 357 Abs. 4 BGB
[92] Vgl.: § 357 Abs. 6 BGB
[93] Vgl.: Artikel 246a § 1 Abs. 2 Nr. 2 EGBGB

3.6.2 Organisatorische Anforderungen an ein Widerrufsrecht

Findet keine Belehrung oder keine ordnungsgemäße Belehrung zum Widerrufsrecht statt, verlängert sich das Widerrufsrecht des Verbrauchers und erlischt automatisch nach 12 Monaten und 14 Tagen.[94]

Es ist somit für einen Onlinehändler von essenzieller Bedeutung Verbraucher ordnungsgemäß über das Widerrufsrecht zu informieren, um eine Widerrufsfrist auf 14 Tage zu beschränken.

Um das Widerrufsrecht gegenüber dem Verbrauch auf 14 Tage zu beschränken, ist eine ordnungsgemäße Widerrufsbelehrung an folgende Bedingungen geknüpft:[95]

- Die Belehrung erfolgt gegenüber Verbraucher
- Die Belehrung erfolgt vor Vertragsabschluss
- Die Belehrung erfolgt in Schriftform
- Die Belehrung ist klar formuliert
- Die Belehrung ist deutlich gestaltet
- Die Frist des Widerrufsrechts (Beginn und Ende)
- Verfahren für die Ausübung des Widerrufsrechts
- Folgen eines Widerrufs
- Übersendung eines Muster-Widerrufsformulars

---

[94] Vgl.: § 356 Abs. 3 Satz 2 BGB
[95] Vgl.: Artikel 246a § 1 Abs. 2 EGBGB

3.6.2.1 Musterbeispiel Widerrufsrecht

Im Einführungsgesetz zum Bürgerlichen Gesetzbuch findet sich in der Anlage 1 ein Muster für eine Widerrufsbelehrung inklusive Textbausteine. Diese wird vom Gesetzgeber empfohlen.

Hier ein praktisches Beispiel:

Sie haben das Recht, binnen vierzehn Tagen ohne Angabe von Gründen diesen Vertrag zu widerrufen.

Die Widerrufsfrist beträgt vierzehn Tage ab dem Tag des Vertragsabschlusses.

Um Ihr Widerrufsrecht auszuüben, müssen Sie uns

[Fügen Sie Ihren Namen, Ihre Anschrift und, soweit verfügbar, Ihre Telefonnummer, Telefaxnummer und E-Mail-Adresse ein]

mittels einer eindeutigen Erklärung (z.B. ein mit der Post versandter Brief, Telefax oder E-Mail) über Ihren Entschluss, diesen Vertrag zu widerrufen, informieren. Sie können dafür das beigefügte Muster-Widerrufsformular verwenden, das jedoch nicht vorgeschrieben ist.

Sie können das Muster-Widerrufsformular oder eine andere eindeutige Erklärung auch auf unserer Webseite

[Internet-Adresse einfügen]

elektronisch ausfüllen und übermitteln. Machen Sie von dieser Möglichkeit Gebrauch, so werden wir Ihnen unverzüglich (z.B. per E-Mail) eine Bestätigung über den Eingang eines solchen Widerrufs übermitteln.

Zur Wahrung der Widerrufsfrist reicht es aus, dass Sie die Mitteilung über die Ausübung des Widerrufsrechts vor Ablauf der Widerrufsfrist absenden.

Wenn Sie diesen Vertrag widerrufen, haben wir Ihnen alle Zahlungen, die wir von Ihnen erhalten haben, einschließlich der Lieferkosten (mit Ausnahme der zusätzlichen Kosten, die sich daraus ergeben, dass Sie eine andere Art der Lieferung als die von uns angebotene, günstigste Standardlieferung gewählt haben), unverzüglich und spätestens binnen vierzehn Tagen ab dem Tag zurückzuzahlen, an dem die Mitteilung über Ihren Widerruf dieses Vertrags bei uns eingegangen ist.

Für diese Rückzahlung verwenden wir dasselbe Zahlungsmittel, das Sie bei der ursprünglichen Transaktion eingesetzt haben, es sei denn mit Ihnen wurde ausdrücklich etwas anderes vereinbart; in keinem Fall werden Ihnen wegen dieser Rückzahlung Entgelte berechnet.

Sie haben die Waren unverzüglich und in jedem Fall spätestens binnen vierzehn Tagen ab dem Tag, an dem Sie uns über den Widerruf dieses Vertrags unterrichten, an

[hier sind gegebenenfalls der Name und die Anschrift der von Ihnen zur Entgegennahme der
Waren ermächtigten Person einzufügen]

zurückzusenden oder zu übergeben. Die Frist ist gewahrt, wenn Sie die Waren vor Ablauf der Frist von vierzehn Tagen absenden.

Sie tragen die unmittelbaren Kosten der Rücksendung der Waren.

Sie müssen für einen etwaigen Wertverlust der Waren nur aufkommen, wenn dieser Wertverlust auf einen zur Prüfung der Beschaffenheit, Eigenschaften und Funktionsweise der Waren nicht notwendigen Umgang mit ihnen zurückzuführen ist.

Haben Sie verlangt, dass die Dienstleistungen während der Widerrufsfrist beginnen sollen, so haben Sie uns einen angemessenen Betrag zu zahlen, der dem Anteil der bis zu dem Zeitpunkt, zu dem Sie uns von der Ausübung des Widerrufsrechts hinsichtlich dieses Vertrages unterrichten, bereits erbrachten Dienst-leistungen im Vergleich zum Gesamtumfang der im Vertrag vorgesehenen Dienstleistungen entspricht.

3.6.2.2 Musterbeispiel Widerrufsformular

Ebenfalls findet sich im Einführungsgesetzt zum Bürgerlichen Gesetzbuch ein Muster-Widerrufsformular in Anlage 2 beigefügt. Ein vorgefertigtes Widerrufsformular ist fester Bestandteil einer ordnungsgemäßen Widerrufsbelehrung.

Ein beispielhaftes Widerrufsformular kann wie Folgt lauten:

Wenn Sie den Vertrag widerrufen wollen, dann füllen Sie bitte dieses Formular aus und senden Sie es zurück an

[hier ist der Name, die Anschrift und gegebenenfalls die Telefaxnummer und E-Mail-Adresse des Unternehmers durch den Unternehmer einzufügen]

- **Hiermit widerrufe ich den von mir abgeschlossenen Vertrag über den Kauf der folgenden Waren /die Erbringung der folgenden Dienstleistung** _____

- **Bestellt am** _____ **und erhalten am** _____

- **Name des/der Verbraucher(s)** _____

- **Anschrift des/der Verbraucher(s)**_____

- **Unterschrift des/der Verbraucher(s) (nur bei Mitteilung auf Papier)**

- **Datum**_____

3.7 UWG / Wettbewerbsrecht

Da es sich bei einem Onlineshop um geschäftliche Handlungen handelt, ist das Gesetz gegen unlauteren Wettbewerb (UWG) zu beachten und einzuhalten. Rein privates handeln verstößt niemals gegen das Gesetz gegen unlauteren Wettbewerb.[96]

Das Gesetz gegen unlauteren Wettbewerb gibt grundsätzlich an, dass geschäftliche Handlungen dann unlauter sind, wenn diese:

- ❖ irreführend sind,

- ❖ eine Gefahr einer Verwechselung zu Kennzeichen, Waren oder Dienstleistungen anderer Wettbewerber birgt,

- ❖ unwahre Angaben enthalten oder

- ❖ dazu dienen wesentliche Angaben zu verschweigen.

Das Gesetz gegen unlauteren Wettbewerb verbietet ausdrücklich:

- Falsche Siegel
- Falsche Autorisierung
- Lockangebote
- Unwahre Angaben zu begrenzten Angeboten

---

[96] Vgl.: Rohrlich, Michael (2010): S. 153

166

- Unwahre Angaben zu Besonderheiten

- Informationen getarnt als Werbung

- Unwahre Angaben zu Gefahren oder Sicherheitsmängel

- Werbung, um die betriebliche Herkunft zu verschleiern

- Einführung von Schneeball- oder Pyramidensystemen

- Sonderangebote durch vorgetäuschte Geschäftsaufgabe

- Angebot erhöht Gewinnchancen bei einem Gewinnspiel

- Gewinnausschüttung nur gegen Zahlung

- Angebot eines Gewinnspiels, wenn Preise nicht vergeben werden

- Werbung zusammen mit Zahlungsaufforderung

- Aufforderungen an Kinder zu kaufen oder Eltern dazu veranlassen

- Aufforderung zu Zahlung oder Rücksendung von nicht bestellten Waren oder Dienstleistungen[97]

- Angebote, um andere Waren zu verkaufen oder Weigerung der Annahme von Bestellungen von beworbenen Waren oder Dienstleistungen bzw. die Erbringung dieser in einem vertretbaren Zeitfenster

---

[97] Vgl.: § 3 UWG

Für den Betreiber eines Onlineshops bedeutet es im Umkehrschluss nichts anderes als sich an den Vorgaben des Gesetzes zum unlauteren Wettbewerb zu orientieren und sich nicht durch zweifelhafte Geschäftspraktiken gegenüber Verbrauchern sowie anderen Marktteilnehmer einen Vorteil zu verschaffen.

3.8 Metatags

Metatags finden sich bei einem in HTML (Hypertext Markup Language) programmierten Webauftritt im Head-Bereich und haben reinen Informationscharakter. Metatags im Head-Bereich dienen dazu einen Webauftritt und dessen Inhalt zu beschreiben. Metatags werden unter anderem von Suchmaschinen ausgelesen und beim Ausgeben der Suchergebnisseite als Ranking verwendet.[98]

Wenn man nun den eigenen Webauftritt oder den eigenen Onlineshop mittels Begriffen oder Markennamen beschreibt, die mit dem Inhalt nicht übereinstimmen, dann kann es zu Markenrechtsverletzungen oder gegen ein Verstoß des Gesetzes gegen unlauteren Wettbewerbs kommen.

Solche Markenrechtsverletzungen oder Verstöße unlautere Geschäftspraktiken werden in der Regel abgemahnt und ziehen gegebenenfalls Schadensersatzforderungen nach sich.

Einige Beispiele sollen den Umgang mit Metatags verdeutlichen:[99]

> Ein Verstoß gegen Markenrecht liegt dann vor, wenn man geschützte Markennamen unrechtmäßig verwendet. Angenommen man hinterlässt im Head-Bereich ein Metatag der eingetragenen Marke AIDOL (Hersteller für Holzschutzmittel und Lacke), führt jedoch im Onlineshop kein Produkt der Marke AIDOL.[100]

---

[98] Vgl.: Solmecke, Christian; Kocatepe, Sibel (2016): S. 552
[99] Vgl.: Rohrlich, Michael (2010): S. 159
[100] Vgl.: Solmecke, Christian; Kocatepe, Sibel (2016): S. 553

➢ Eine Täuschung nach dem Gesetz gegen unlauteren Wettbewerb liegt dann vor, wenn man Inhalte im Head-Bereich als Metatag bewirbt, die beim Webauftritt oder Onlineshop nicht zu finden sind. Wenn man beispielsweise bekannte und häufig verwendete Suchbegriffe verwendet, obwohl der Inhalt nicht vorhanden ist. Angenommen man hinterlegt als Metatag „Smart TV-Fernseher" für einen bestehenden Onlineshop, bietet jedoch im Sortiment nur Monitore an.

➢ Eine Irreführung von Besuchern nach Auslegung des Gesetzes gegen unlauteren Wettbewerb liegt vor, wenn man durch die Nutzung eines Metatags, wie zum Beispiel Auslandsreisen, zum Besuch eines Onlineshops angeregt, obwohl es im Kern um den Abschluss einer Reiseversicherung handelt.

In Hinblick auf die organisatorischen Anforderungen zur Nutzung von Metatags gelten im Wesentlichen die Vorgaben aus dem Gesetz zum unlauteren Wettbewerb (UWG). Das Gesetz gegen unlauteren Wettbewerb gibt grundsätzlich an, dass geschäftliche Handlungen dann unlauter sind, wenn diese:

- irreführend sind,
- eine Gefahr einer Verwechselung zu Kennzeichen anderer Wettbewerber birgt,
- unwahre Angaben enthalten oder
- dazu dienen wesentliche Angaben zu verschweigen.

3.9 Jugendschutzgesetz

Bei Webauftritten oder Onlineshops ist ebenfalls darauf zu achten, dass man im Einklang mit dem deutschen Jugendschutzgesetz handelt.

Nach deutschem Jugendschutzgesetz ist die Darstellung und Verbreitung von Inhalten in den folgenden Bereichen grundsätzlich unzulässig:

- Nazipropaganda
- Gewalt- und Kriegsverherrlichung
- Pornographie
- Verstöße gegen die Menschenwürde

Sollte man eine Webseite mit Kommentarfunktion oder ein Forum betreiben, dann sind auch Inhalte, die durch andere Nutzer veröffentlicht werden, in die Betrachtung mit einzubeziehen.

Sollte man erwägen Filme oder Computerspiele, die eine Altersfreigabe von 18 Jahren oder 16 Jahren benötigen, anzubieten, dann kann man über Altersverifizierungssysteme (AVS), wie zum Beispiel dem Post-Ident-Verfahren, bei dem die Altersfeststellung vor der Zustellung durch den Postboten erfolgt, einen rechtmäßigen Erwerb nach Jugendschutzgesetz sicherstellen.[101]

Natürlich kann man auch über ein integriertes Anmeldeverfahren unter Einbeziehung der Vorlage von Personalausweis oder andere Dokumente, die sich zur Altersfeststellung eignen, vornehmen.

---

[101] Vgl.: Rohrlich, Michael (2010): S. 170 - 171

Grundsätzlich gilt in Bezug auf das Jugendschutzgesetz, dass die Unerfahrenheit und Leichtgläubigkeit von Kindern und Jugendlichen nicht ausgenutzt werden darf. Dies gilt auch bei der Verwendung von Werbung.[102]

---

[102] Vgl.: Rohrlich, Michael (2010): S. 172

3.10 Datenschutz

Eine Datenschutzerklärung ist für jeden Webauftritt sowie für jedes Vorhaben individuell zu erstellen. Wie in Kapitel 2.4 Datenschutz bereits in Grundzügen beleuchtet wurde.

An dieser Stelle wird zur Vervollständigung die Anwendung des Datenschutzes auf einen Onlineshop exemplarisch verdeutlicht.

Als Beispiel für die Einbindung und Ausformulierung einer Datenschutzerklärung soll der Onlineversandhändler OTTO dienen.

Im Folgenden findet sich ein Auszug aus dem Inhaltsverzeichnis der Datenschutzerklärung des Onlineversandhändlers OTTO sowie eine Beschreibung der Ausführungen in den Bereichen:

- Maßnahmen zum Schutz von personenbezogenen Daten
- Verwendung von Nutzerdaten, die in Folge von Interaktionen mit dem Webauftritt erhoben wurden, zum Zwecke der Vermarktung
- Weitergabe von Daten an externe Unternehmen
- Einbindung von externen Plugins
- Dauer der Speicherung von Daten
- Rechte von Verbrauchern

Der Inhalt der Datenschutzerklärung selbst ist überaus umfangreich und detailliert, deswegen auch als Musterbeispiel für eine gelungene Datenschutzerklärung geeignet. Sehr empfehlenswert, wenn man sich vor Augen führen will, wie eine Datenschutzerklärung bei einem großen Versandhändler aussieht.

Inhaltsübersicht

1. Name und Kontaktdaten des für die Verarbeitung Verantwortlichen

2. Kontaktdaten des Datenschutzbeauftragten

3. Zwecke der Datenverarbeitung, Rechtsgrundlagen und berechtigte Interessen, die von dem Verantwortlichen oder einem Dritten verfolgt werden sowie Kategorien von Empfängern

3.1. Begründung, Durchführung und/oder Beendigung eines Vertrages

3.1.1. Datenverarbeitung bei Vertragsabschluss

3.1.2. Bonität und Übermittlung an Auskunfteien

3.1.3. Nutzung von Daten zu Zwecken der Betrugsprävention

3.1.4. Übermittlung von Daten an Transportdienstleister

3.1.5. Übermittlung von Daten über offene Forderungen an Inkassodienstleister

3.1.6. Auftragsverarbeiter

3.2. Datenverarbeitung zu Werbezwecken (ohne Cookies / Trackingdaten)

3.2.1. Postalische Werbung

3.2.2. Plattform-Newsletter

3.2.3. E-Mail-Werbung für ähnliche Waren und Dienstleistungen

3.2.4. Gewinnspiele / Vorteilsangebote

3.2.5. Probeabonnements der Sovendus GmbH

4. Onlineauftritt und Webseitenoptimierung (mittels Cookies) inklusive Einwilligungen

4.1. Cookies – Allgemeine Informationen und Einwilligungspflicht

4.2. Interventionsmöglichkeiten / Browsereinstellungen

4.3. Einwilligungen in den Einsatz einzelner Online-Dienste / die Erhebung von Tracking-Daten

4.3.1. Einwilligung für Google-Remarketing

4.3.2. Einwilligung für Facebook Retargeting (Website-Custom-Audience)

4.3.3. Einwilligung für Pinterest Retargeting (Pinterest Tag)

4.3.4. Einwilligung für Microsoft Advertising

4.3.5. Werbevermarktung

4.3.6. Widerruf sämtlicher Einwilligungen

4.4. Weiterverarbeitung von Tracking-Daten für berechtigte Interessen

4.4.1. Berechtigte Interessen von OTTO / Interessenabwägung

4.4.2. Eigenes Web-Tracking von OTTO / Retargeting

4.4.3. Google Analytics als „Basisversion"

Abb. Nr. 36: Auszug aus dem Inhaltsverzeichnis der Datenschutzerklärung des Onlineshops www.otto.de

<u>Unter Punkt 6 der Datenschutzerklärung des Onlineversandhändlers OTTO finden sich detaillierte Maßnahmen zum Schutz von Daten eines Kundenkontos.</u>

- Gespeicherte Daten im Kundenkonto können jederzeit eingesehen, verändert und gelöscht werden

- Daten, die auf Grundlage von gelten handels- und steuerrechtlichen Aufbewahrungspflichten existieren, werden nach Ablauf gesetzlicher Fristen automatisch gelöscht

- Selbstgewähltes Passwort mit acht Ziffern und ohne Verwendung des eigenen Namens

- Allgemeiner Hinweis auf das Vorhandensein von sehr hohen betrieblichen Schutzmaßnahmen in Bezug auf organisatorische und technische Möglichkeiten

- Bei Verdacht auf einen unberechtigten Zugriff wird das Kundenkonto gesperrt

- Bei wesentlichen Änderungen im Kundenkonto wird der Kunde darüber via E-Mail informiert

- Schutzhinweise zu Spam, Phishing und Spoofing

- Kontaktmöglichkeit bei Unsicherheiten via E-Mail und Telefon

Interessant sind auch die unter Punkt 4 eingebundenen Maßnahmen im Umgang mit dem Webauftritt sowie zur Webseitenoptimierung mittels Cookies.

➢ Zum Beispiel die Einbindung von externen Dienstleistern (The ADEX GmbH, ADition technologies AG und RevJet) zur Verarbeitung des Nutzerverhaltens mit dem Webauftritt von OTTO, um gegebenenfalls das Nutzerverhalten für Zwecke eines Remarketings auf Drittseiten zu verwenden.

➢ Verwendung von eigenen sowie externen Analysetools zur Verarbeitung des Nutzerverhaltens mit dem Webauftritt. Zu den externen Analysetools zählen unter anderem Google Analytics, Consentric-Verfahren der Deutschen Post AG, m-Pathy Nutzungsanalyse und Adobe Analytics.

Unter Punkt 5 der Datenschutzerklärung des Onlineversandhändlers OTTO findet sich die Verwendung von externen Plugins, wie zum Beispiel Facebook, YouTube, Pinterest, Twitter, Instagram und WhatsApp beschrieben.

Unter Punkt 11 der Datenschutzerklärung des Onlineversandhändlers OTTO finden sich Auskünfte über die Dauer der Speicherung von Daten.

➤ Kundenkonto wird nach 3 Jahren einer Inaktivität gelöscht

➤ Dauer der Speicherung von Daten für konzerninterne Zwecke beträgt 3 Jahre

➤ Speicherung von Daten für Marketingzwecke beträgt 3 Jahre

➤ Speicherung von Daten für Zwecke des Remarketings 2 Jahre

Unter Punkt 12 der Datenschutzerklärung des Onlineversandhändlers OTTO findet man abschließend die einzelnen Rechte des Verbrauchers.

➤ Recht auf Auskunft über die gespeicherten Daten

➤ Recht auf Berichtigung oder Vervollständigung von Daten

➤ Recht auf Einschränkung der Verarbeitung von Daten

➤ Recht auf Datenübertragbarkeit

➤ Recht auf Beschwerde bei Aufsichtsbehörden

3.11 Checkliste Onlineshop

Eine abschließende Checkliste, welche die Erkenntnisse der einzelnen Kapitel aufgreift, richtet folgende Vorgaben an die Kontrolle eines Onlineshops:

☐ Wird das Fernabsatzrecht insbesondere Artikel 246a EGBGB beachtet und eingehalten?

☐ Wird bei Eingang eines Auftrags mit einer Eingangsbestätigung reagiert und erst nach erfolgreicher Prüfung einer Leistungserstellung der Auftrag mit einer „Auftragsannahme" angenommen?

☐ Wird dem Verbraucher der Vertragspartner vor Vertragsabschluss offengelegt?

☐ Wird der Verbraucher vor Vertragsabschluss darüber informiert, wie und wann der Vertrag zustande kommt?

☐ Werden wesentliche Eigenschaften von Waren und Dienstleistungen genau beschrieben?

☐ Werden weiterführende Informationspflichten für spezielle Warengruppen und Dienstleistungen eingehalten?

☐ Erfolgt eine Preisberechnung auf Grundlage von Kostenbestandteilen?

☐ Erfolgt eine Preisauszeichnung im Einklang mit der deutschen Preisangabenverordnung?

☐ Sind Allgemeine Geschäftsbedingungen rechtsicher und für eine bestimmte Unternehmung erstellt worden?

☐ Werden Allgemeine Geschäftsbedingungen gegenüber Vertragspartnern zum Vertragsgegenstand?

☐ Werden Verbraucher über ihr Widerrufsrecht und dessen Folgen ordnungsgemäß informiert?

☐ Wird Verbrauchern ein vorgefertigtes Widerrufsformular bereitgestellt?

☐ Orientieren sich geschäftliche Handlungen am Gesetz gegen unlauteren Wettbewerb?

☐ Wird das Gesetz gegen unlauteren Wettbewerb auch auf die Verwendung von Metatags angewendet?

☐ Wird das Strafgesetzbuch sowie Jugendschutzgesetz eingehalten?

☐ Wird der Datenschutz mit geeigneten Schutzmaßnahmen eingehalten?

☐ Wurde eine Datenschutzerklärung angefertigt?

☐ Wird Verbrauchern vor der Erhebung, Verarbeitung, Speicherung und Weitergabe personenbezogenen Daten die Datenschutzerklärung zugänglich gemacht?

4. Zusammenfassung und Fazit

Bei der Wahl einer geeigneten Domain hat sich herausgestellt, dass diese an eine Reihe von rechtlichen Anforderungen gebunden ist. Jedoch konnte mit dem erarbeiteten Prüfungsschema ein Leitfaden an die Hand gegeben werden, der es einem ermöglicht, auch ohne das Hinzuziehen von Fachanwälten, eine realistische und rechtssichere Einschätzung über die Verwendbarkeit einer gewünschten Domain zu geben.

Bei den organisatorischen Anforderungen bezüglich der Wahl einer Domain handelt es sich vornämlich um die Erleichterung der Vermittlung und Übermittlung an andere Personen sowie die Vereinfachung der Zugänglichmachung für Suchmaschinen.

Ebenfalls konnte aufgezeigt werden, wie man urheberrechtlich geschützte Inhalte oder Referenzen, Foren, Kommentarfunktionen und Weiterleitungen zu externen Inhalten auf dem eigenen Webauftritt einbinden kann.

Auch die Erstellung und rechtssicher Einbindung eines Impressums ist für die meisten Vorhaben oder Unternehmungen ohne ein Hinzuziehen von Fachanwälten möglich geworden.

Als Weiteres erfolgreiches Ergebnis der Ausführungen kann man auch das Thema Widerrufsrecht zählen, indem man in Detail über Bedeutung und Abwicklung eines Widerrufs geschult wird. Man wird befähigt nicht nur eine Musterbelehrung inklusive deren Folgen zu erstellen, sondern auch ein Widerrufsformular aufzusetzen. Zusätzlich erlangt man die Fähigkeit Verbraucher rechtskonform über deren Widerrufsrecht in Kenntnis zu setzen.

Zwar war es gelungen rechtliche und organisatorische Anforderungen an den Datenschutz sowohl für einen Webauftritt als auch Onlineshop im Detail zu beschreiben, jedoch ist die Erstellung einer umfassenden Datenschutzerklärung einem Fachanwalt zu überlassen. Nichtsdestotrotz ist man in der Lage alle relevanten Informationen zur Erstellung einer Datenschutzerklärung zusammenzustellen und auch konkrete Schutzmaßnahmen sowohl in Digitaler Form als auch in Papierform festzulegen.

Welche Informationen Allgemeine Geschäftsbedingungen beinhalten und wie man diese gegenüber Verbrauchern im Onlineverfahren zum Vertragsgegenstand werden lässt, ist kein Geheimnis mehr. Das Verfassen von Allgemeinen Geschäftsbedingungen hingegen ist im Idealfall einem Fachanwalt zu übertragen, weil nur über eine juristische Fachsprache sowie die Kenntnis von relevanten Gesetzestexten eine rechtskonforme und rechtssichere Ausfertigung von vertraglich vorformulierten Vertragsbedingungen erreicht werden kann.

Weitere wichtige Aspekte an einen Onlineshop wie das Fernabsatzrecht, die Anbieterkennzeichnung, die Produktbeschreibung, die Preisangabe, das Gesetz gegen unlauteren Wettbewerb, Metatags sowie Jugend- und Strafgesetz wurden behandelt, damit man auch ohne Experten und Fachanwälte selbstständig agieren kann. Dennoch gilt es zu erwähnen, dass je nach Vorhaben oder Unternehmung in bestimmten Themenbereichen zusätzliche Recherche unumgänglich ist.

Als Fazit der rechtlichen und organisatorischen Ausführungen in Bezug auf die Gestaltung eines Webauftrittes und darauf aufbauend die Gestaltung eines Onlineshops lässt sich festhalten, dass es nun möglich ist,:

- ✓ eine Domain zu wählen, die langfristig und ohne Rechtsansprüche Dritter genutzt werden kann, aber auch zugleich alltagstauglich sowie nutzerfreundlich ist.

- ✓ Bilder, Musikstücke, Texte, Nachrichten, Werbung, Verlinkungen, Referenzen, Foren und Kommentarfunktionen rechtssicher einzubinden und zu verwenden.

- ✓ Datenschutz für eine elektronische Datenverarbeitung sowie Verarbeitung, Übermittlung und Archivierung in Papierform sicherzustellen.

- ✓ ein Impressum rechtssicher zu erstellen und sowohl bei einem Webauftritt als auch Onlineshop einzubinden.

- ✓ Waren und Dienstleistungen rechtssicher über einen Onlineshop anzubieten.

- ✓ Allgemeine Geschäftsbedingungen zu nutzen und im Onlineverfahren rechtssicher als Vertragsgegenstand einzubinden.

- ✓ eine Widerrufsbelehrung sowie ein Widerrufsformular rechtssicher zu erstellen, aber auch Verbraucher über ihr Widerrufsrecht rechtssicher zu informieren.

- ✓ Geschäftliche Handlungen konform zum Gesetz gegen unlauteren Wettbewerb auszurichten.

- ✓ Metatags konform zum Gesetz gegen unlauteren Wettbewerb anzuwenden.

- ✓ Handlungen sowie Inhalte konform zum Strafrecht sowie Jugendschutzgesetz zu gestalten.

5. Literaturverzeichnis

Bauer, Manuel (2020): Computer Bild: News: Panorama: Arbeits-gruppe erforscht unidentifizierbare Flugobjekte: Pentagon bestätigt – US-Militär geht auf UFO-Jagt. Berlin: Axel Springer SE, 2020. URL: https://www.computerbild.de/artikel/cb-News-Panorama-Pentagon-US-Militaer-UFO-Jagd-27012223.html (Zugriff: 14.08.2020)

Datenschutz.org (2020): Ist die Videoüberwachung mit dem Daten-schutz vereinbar? Berlin: VFR Verlag für Rechtsjournalismus GmbH, 2020. URL: https://www.datenschutz.org/videoueberwachung/ (Zugriff: 15.08.2020)

Deutsches Patent- und Markenamt (2019): Wir über uns: Kern-aufgaben: Schiedsstelle Arbeitnehmererfindungen: Verwaiste Wer-ke: Datenbank verwaister Werke. München: Deutsches Patent- und Markenamt, 2020. URL: https://www.dpma.de/dpma/wir_ueber_uns/weitere_aufgaben/verwertungsges_urheberrecht/verwaiste_werke/index.html (Zugriff: 14.08.2020)

Dingeldey, Daniel (2005): Wegweisende BGH-Entscheidung bei Gleichnamigkeit. Starnberg: united-domains AG, 2020. URL: https://domain-recht.de/domain-recht/namensrecht/mho-de-wegweisende-bgh-entscheidung-bei-gleichnamigkeit-10516.html (Zugriff: 30.06.2020)

Dingeldey, Daniel (2016): Namensrechtsstreit um severins-sylt.de. Starnberg: united-domains AG, 2020. URL: https://domain-recht.de/domain-recht/namensrecht/schleswig-holsteinisches-olg-namensrechtsstreit-um-severins-sylt-de-65556.html   (Zugriff: 30.06.2020)

Dittrich, Jörg (2001): Internet-Zeitschrift für Rechtsinformatik und Informationsrecht: Rechtssprechungsübersicht zur Frage der Verwendbarkeit von Gattungsbegriffen als Domain. Herberger, Maximilian (Hrsg.). Wiesbaden: Makrolog Content Management AG, 2020. URL: https://www.jurpc.de/jurpc/show?id=20010160 (Zugriff: 27.07.2020)

Düweke, Esther; Rabsch, Stefan (2012): Erfolgreiche Websites: SEO, SEM, Online-Marketing, Usability. 2. Auflage. Bonn: Galileo Press, 2012.

Elektro Kohn (2020): Wir über uns: Referenzen: Service, der hält, was er verspricht. Wertheim: Elektro Kohn, 2020. URL: https://www.elektro-kohn.de/wir-ueber-uns/referenzen/   (Zugriff: 27.09.2020)

Engelhardt, Sophie (2016): Produktbeschreibung: Dies gilt es zu beachten! Köln: DS Media GmbH, 2020. URL: https://www.deutsche-startups.de/2016/02/25/produktbeschreibungen-dies-gilt-es-zu-beachten/ (Zugriff: 21.09.2020)

Erlhofer, Sebastian (2018): Suchmaschinen-Optimierung: Das umfassende Handbuch. 9. Auflage. Bonn: Rheinwerk Verlag GmbH, 2018.

Facebook Ireland Limited (2020): Communitystandards: Gewalt und kriminelles Verhalten. Irland: Facebook Ireland Limited (Hrsg.), 2019. URL: https://www.facebook.com/communitystandards/violence_criminal _behavior (Zugriff: 27.09.2020)

Fridoya (2018): Magix: Forum: Web & Technik: Web Designer: Audiodatei in Website einfügen. Berlin: MAGIX Software GmbH (Hrsg.), 2020. URL: https://www.magix.info/de/forum/audiodatei-in-website-einfgen--1215663/ (Zugriff: 21.08.2020)

Google Ireland Limited (2019): Unsere Nutzungsbedingungen im Europäischen Wirtschaftsraum und der Schweiz. Irland: Google Ireland Limited, 2020. URL: https://www.youtube.com/static?template=terms (Zugriff: 25.08.2020)

Google Ireland Limited (2020): Urheberrecht und Verwaltung von Rechten: Creative Commons. Irland: Google Ireland Limited, 2020. URL: https://support.google.com/youtube/answer/2797468 (Zugriff: 25.08.2020)

Günther, Sebastian (2018): Domainrecht: Irreführende Nutzung einer Domain: Ferienimmobilien auf demselben Gelände. Nürnberg: Rechtsanwalt Sebastian Günther, 2018. URL: https://www.ra-guenther.eu/news-detailseite/Irref%C3%BChrende_Domain.html (Zugriff: 23.07.2020)

Jakkarin Thaimassage (o. A.): Massage Preise für Ihre Massage in Aschaffenburg Stockstadt am Main. Stockstadt am Main: Jakkarin Thaimassage, 2020. URL: https://www.jakkarin-thaimassage.de/preise-1/ (Zugriff: 21.09.2020)

Jurecki, Marek (o. A.): Fliesenlegen: Ihr Fliesenleger. Würzburg: fliesen Marek, 2020. URL: https://www.fliesen-marek.de/#leistungen (Zugriff: 21.08.2020)

Kück, Jan-Niclas (2018): Magazin: Urheber- & Designrecht: 6 Dinge, die Sie zum Urheberrecht wissen müssen! Köln: Rechtsanwälte Lampmann, Haberkamm & Rosenbaum Partnerschaft (Hrsg.), 2020. URL: https://www.lhr-law.de/magazin/urheber-designrecht/6-dinge-die-man-ueber-das-urheberrecht-wissen-muss/ (Zugriff: 20.08.2020)

Laaser, Sonja (2020): Verträge: Urheberrecht. Berlin: RA Sonja Laaser (Hrsg.), 2020. URL: https://www.kanzlei-laaser.com/informationsschrift-fuer-expertinnen-nr-5-worauf-es-bei-der-vertragsgestaltung-ankommt-die-rechte-der-kuenstlerinnen-nach-dem-urheberrechtsgesetz/ (Zugriff: 18.08.2020)

Mentorium (2020): EBook: Wissenschaftliches Arbeiten: Korrekt Zitieren: Richtig Zitieren – Alle Zitierregeln mit Beispielen. Berlin: Mentorium GmbH (Hrsg.), 2020. URL: https://www.mentorium.de/ebook/wissenschaftliches-arbeiten/zitieren-zitation-zitierregeln-zitiernormen-tipps/ (Zugriff: 18.08.2020)

Morales, Daniel (2014): WordPress – Wie fügt man Audio hinzu? URL: https://www.templatemonster.com/help/de/how-to-insert-audio.html (Zugriff: 21.08.2020)

Müller, Angela (2020): EuG: Keine begriffliche Ähnlichkeit zwischen Black Jack und Black Track. Kanzlei Mueller – Recht und Marke (Hrsg.). Heidelberg, 2020. URL: https://www.angelamueller.com/2015/03/06/eug-keine-begriffliche-aehnlichkeit-zwischen-black-jack-und-black-track/ (Zugriff: 16.06.2020)

Plutte, Niklas; Wichert, Felix (2019): Kanzlei: News: Markenrecht: Verwechslungsgefahr im Markenrecht – Große Übersicht & Beispiele. Kanzlei Plutte (Hrsg.). Mainz, 2020. URL: https://www.ra-plutte.de/verwechslungsgefahr-markenrecht-uebersicht-beispiele/ (Zugriff: 16.06.2020)

Praetor Intermedia UG (2010): Rechtslupe: Wirtschaftsrecht: Handelsrecht: Gleichnamige Handelsunternehmen und ihre Internetauftritte – Peek & Cloppenburg. Rechtslupe. Bonn: Praetor Intermedia UG (Hrsg.), 2020. URL: https://www.rechtslupe.de/wirtschaftsrecht/handelsrecht/gleichnamige-handelsunternehmen-und-ihre-internetauftritte-peek-cloppenburg-319130 (Zugriff: 30.06.2020)

Rohrlich, Michael (2010): Onlinerecht für Webmaster. 1. Auflage. entwickler.press Verlag. Frankfurt: Software & Support Media GmbH, 2010.

Ruhl, Hans-Jürgen (2018): Der online BGB-Kommentar: Buch 1: Abschnitt 1: Titel 1: § 12 Namensrecht. Dr. von Göler Kommentare (Hrsg.) München: Karriere-Jura GmbH, 2018. URL: https://bgb.kommentar.de/Buch-1/Abschnitt-1/Titel-1/Namensrecht (Zugriff: 13.05.2020)

Sander, Sebastian (2018): Chip: Praxistipps: Internet: HTML: Musik einbinden – so geht's. München: CHIP Digital GmbH (Hrsg.), 2020. URL: https://praxistipps.chip.de/html-musik-einbinden-so-gehts_46333 (Zugriff: 21.08.2020)

Schwenke, Thomas (2011): Urheberrecht: Texte richtig zitieren, satt plagiieren (Anleitung mit Checkliste). Berlin: Rechtsanwalts-kanzlei Dr. Thomas Schwenke, 2020. URL: https://drschwenke.de/texte-richtig-zitieren-statt-plagiieren-anleitung-mit-checkliste/ (Zugriff: 20.08.2020)

Schirmbacher, Martin (2017): Online-Marketing- und Social-Media-Recht: Das umfassende Praxis-Handbuch für alle rechtlichen Fragen im Marketing. 2. Auflage. Frechen: mitp Verlags GmbH & Co. KG, 2017.

Solmecke, Christian; Kocatepe, Sibel (2016): Recht im Online-Marketing: So schützen Sie sich vor Fallstricken und Abmahnungen. 1. Auflage. Bonn: Rheinwerk Verlag, 2015.

Solmecke, Christian; Kocatepe, Sibel (2018): DSGVO für Website-Betreiber: Ihr Leitfaden für die sichere Umsetzung der EU-Datenschutz-Grundverordnung. 1. Auflage. Bonn: Rheinwerk Computing, 2018.

Urheberrecht.de (2020): Urheberrecht: Was gilt es bei geistigem Eigentum zu beachten? Berlin: VFR Verlag für Rechtsjournalismus GmbH, 2020. URL: https://www.urheberrecht.de/ (Zugriff: 26.06.2020)

Urheberrecht.de (2020): Urheberrecht: Nutzungsrecht: Wie sieht ein Vertrag für die Einräumung aus? Berlin: VFR Verlag für Rechtsjournalismus GmbH, 2020. URL: https://www.urheberrecht.de/nutzungsrecht/ (Zugriff: 25.08.2020)

Weißenfels, Georg (2020): Onlinerecht: Domains: Marken und Domains – Vorsicht bei Verwechslungsgefahr: Domains contra Kennzeichenrecht. Conjus GmbH (Hrsg.). Gauting, 2020. URL: http://www.onlinerecht-ratgeber.de/onlinerecht/domains/index_05.html (Zugriff: 23.07.2020)

Zalando SE (o. A.): Warenkorb: Bekleidung und Schuhe. Berlin: Zalando SE, 2020. URL: www.zalando.de (Zugriff: 22.09.2020)

6. Tabellenverzeichnis

Tabelle Nr. 8:

193

7. Abbildungsverzeichnis

195